「までいの村」に帰ろう

飯舘村長、苦悩と決断と感謝の7年

菅野典雄

ワニブックス
|PLUS|新書

まえがき

平成という年号が使われる時間も残り少なくなった平成30年の4月。美しきわがふるさとに、原発事故による放射能が降ってから7年の歳月が過ぎた。

そしてこの春は、一部の帰還困難区域（長泥地区）を除いて避難指示が解除されてから2年目に入るという節目の季節でもある。

村の首長の任にある私にとってのこの7年間は、みんなで力を合わせて愛し、守り、育ててきたふるさととの暮らしが根こそぎ奪われ、長きにわたる全村避難を余儀なくされて、傷つき、失い、希望をなくしかけた村の人々と向き合い続けた年月であった。

「十年ひと昔」どころか、ふた昔にも三昔にも感じるほどに長かったはずなのだが、多忙を極めた毎日ゆえか、あっという間だったという思いが強い。

無人の村と化したふるさとにもう一度、村の人々の穏やかな暮らしを取り戻すために、国や東京電力、県と交渉し続けた7年間。

全国の方々からの心あたたまる励ましに勇気をもらい、同じ数だけ届けられる罵詈雑言にさらされ、それでも村民のこと、村のこれからを真剣に考え抜いた7年間。

絶望のなかに希望の光を見出して喜びに心が弾む日もあった。

自分の信念、すべきことへの賛同がなかなか得られずに苦しんだ日もあった。

縦割り意識の強い役人相手の交渉や提案に知恵を絞った日もあった。

本当にいろいろなことがあった。さまざまなことが起きた。

だが、この7年間、時間の感覚がなくなるほどに萎えず、こぼさず、悪態つかず、村のために全力を注いできたという自負は持っている。


実は、震災や原発事故で被災した市町村では、この7年間で多くの首長が交代している。市町村どころか国の政権までもが民主党（当時）から自民党へと変わってしまった。

そんななか飯舘村はこの7年間、ずっと私が村長だった。

つまり、2011年3月11日の東日本大震災とそれに伴う福島第一原子力発電所事故の発生から今日まで、私はずっと「村長」という立場で、この村の、村民の、国の推移を、普通の人たちより深く、間近で見続けてきたのである。

そんな私だからこそ、この目で見た7年間に起こった出来事を書き記しておくべきではないか。それが誰も体験したことのない激動の7年に向き合った人間の義務なのではないだろうか。そう思って書いたのが本書である。

前作『美しい村に放射能が降った』は原発事故発生から3カ月を追いかけたドキュメンタリーだった。本書は避難指示の解除を軸にして綴った、村長としての活動記録である。

「までい」――「ていねいに、心を込めて、手間暇を惜しまず」という意味を持つこの言葉を、飯舘村は震災のずっと前から村の理念として大切にしてきた。

そんな「までい」の心を胸に掲げて臨んだ、7年間にわたる復興への取り組み、村長としての思い、村の未来像など思うところを書き記している。

本書を読んでくださった方々には、どんな形であっても飯舘村に興味や関心を寄せてもらい、その再生と復興を願って応援していただけたら幸甚である。

飯舘村長　菅野典雄

「までいの村」に帰ろう　目次

第4章 思い、考え、国を、人を動かす
――すべては村と村民のため

バランス感覚が活路を開いた避難指示区域の見直しと賠償
賠償と買収、ダブルでOK。村民の生活の安定があってこその復興
村外の人が泊まると補助金返還!?　お役人的発想に物申す
〝屁理屈〟にも一理あり。国の英断で実現した昇口舗装事業
見守り隊のパトロールがきっかけで、特別宿泊がOKに
「おかえりなさい」「いってらっしゃい」に感謝の気持ちを込めて
苦境にあってこそ〝までい〟の心を。仮設焼却施設を引き受けた理由
大雪の被害をサポートしてくれた〝おたがいさま〟へのご褒美
除去土壌の再利用事業で、長泥地区復興への道を拓く
復興は「被害者と加害者」の立場を超えた先に
マイナスからプラスを見出す――前に進むためにできる「何か」を探す

中学生に教えられた「清く正しく生きる」こと――日本人の忘れものプロジェクト
県内初の「村立高校」で復興を担う若者を育てる
学校再開は未来への再出発――飯舘村に〝学び舎〟が帰ってくる
批判や反対を超えて――それでも村に学校は必要だ

第7章 一歩ずつ、明日へ
――被災した村から「自立の村」へ …… 181

来場者30万人突破。〝おらが村の〟道の駅が復興を後押しする
未来を見据え、未来につながる取り組みを――10年後への手紙
形に残した言葉の力が、人を未来につなげていく
「までいライフ」こそ、これからの日本が目指すべき道
「までい」に生きるとは①――大量消費社会から循環社会へ
「までい」に生きるとは②――人をつなぐ「心のシェア」

福島県相馬郡飯舘村

飯舘村は、福島県「浜通り地域」に属し、県東北部、阿武隈山系北部の標高220〜600メートルの高原丘陵に位置する山村。全面積の約75%を山林が占める。人口は5864人(平成30年1月31日現在)。震災前の特産品は、飯舘牛、御影石、野菜、花卉(トルコギキョウ、リンドウ)など。

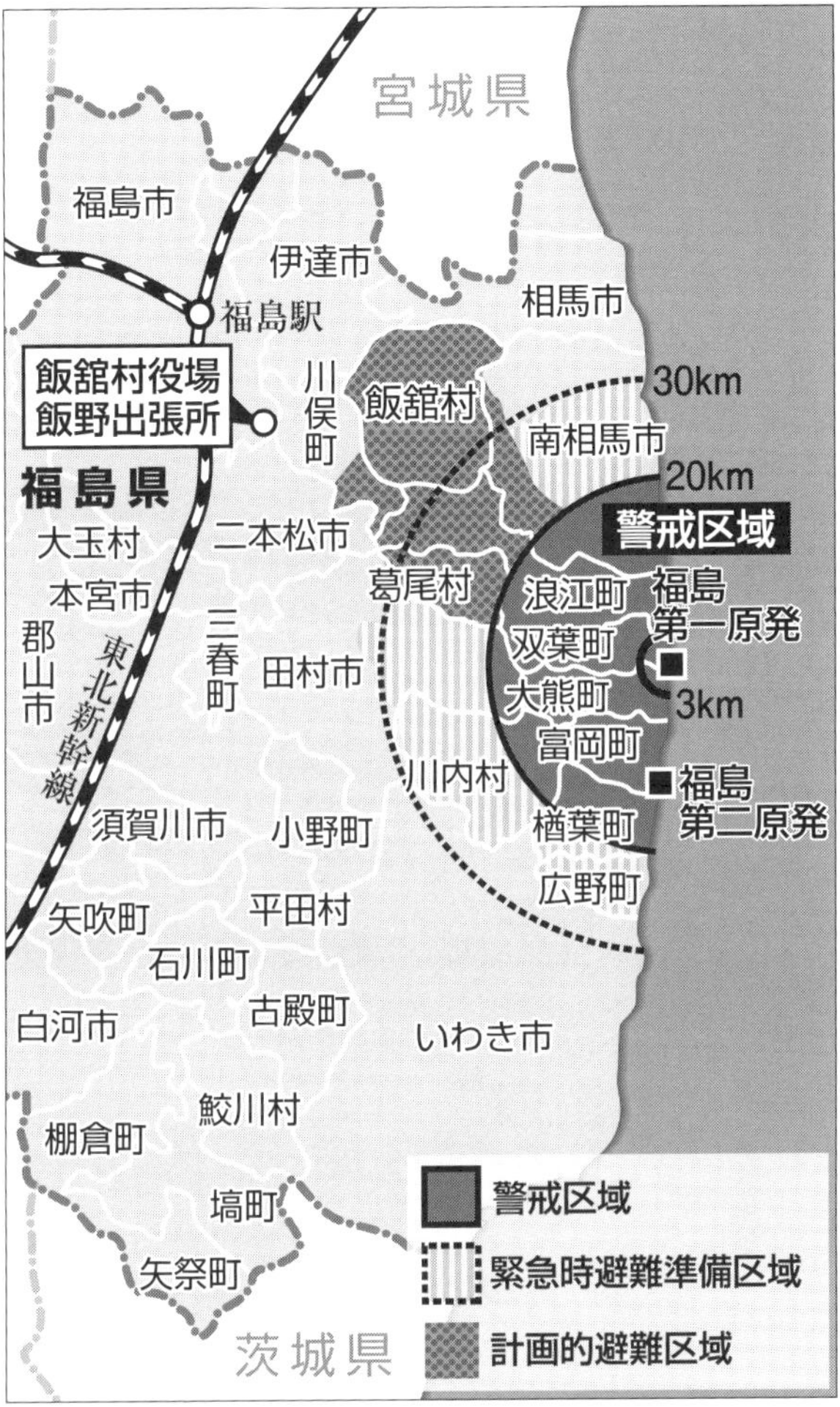

計画的避難区域と緊急時避難準備区域

福島県相馬郡飯舘村。阿武隈山系北部の高原に開けた、緑豊かな自然に恵まれた美しい村だ。

第1章

避難指示解除という〝始まりの始まり〟

２０１７年３月31日――ふるさとに帰る日

胸に生きる思い出
いつも村を思わん
までいの心めぐりて
私たちのふるさと

その日。私は「いいたてお母さんコーラス」の方々の、喜びに満ちたあたたかい歌声を感慨深い思いで聞いていた。

ようやく、ようやく、この日を迎えることができた。
この村は、未来へ向けて、新しい一歩を踏み出したのだ。

２０１７年３月31日。

約6年の長きにわたった福島第一原発事故に伴う避難指示が、いまだ帰還困難区域となっている長泥地区を除いて解除された。

村交流センター・ふれ愛館で開催された「いいたてむら　おかえりなさい式典」には、約300人を超える村の人々が避難先から駆けつけてくれた。

住民それぞれに、みなそれぞれの思いがあるだろう。ふるさとに戻れる喜びもあれば、いまだ拭いきれぬ不安もあるだろう。避難指示が解除になったからと言って、すぐに住民が帰村するわけでもない。

しかし、それでも、私たちは誰もが、もう一度ふるさとの地に戻れるこの日を心待ちにしていたのだ。

冒頭に記した歌は、「うさぎ追いし、かの山～」で名高い唱歌『故郷（ふるさと）』に村独自の歌詞を載せたものだ。

前年2016年に向かえた村制60周年の記念事業として、本来は3番までの『故郷』に、村への思いを込めた〝4番〟を作成したのである。福島市内の仮設校舎に通う飯舘中学校の生徒たちがふるさとへの思いを出し合い、それを福島市在住の詩人・伊武トーマさんに歌詞としてまとめていただいた。

胸に生きる思い出
いつも村を思わん
までいの心めぐりて
私たちのふるさと

胸に熱いものがこみ上げてくる。そして同時に、身が引き締まる思いにもとらわれていた。
そう、今日が始まりなのだ。多くの応援や支援、理解、そして村民のがんばりに支えられて、私たちはようやく、ふるさと再生へのスタート地点に立ったのである。

わが村に、いつの日かかならず、陽はまた昇る

「いいたてむら　おかえりなさい式典」では村の復興再生に向けて、２つの宣言を採択した。ここにその全文を紹介させていただく。

ひとつは「いいたて村に『陽はまた昇る』宣言」だ。

6年におよぶ避難指示が解除されました

この日を待ちかねて村に帰る人
長い避難生活の影響ですぐには戻れない人
避難先で暮らし村の行く末を見守る人
はじめの一歩はさまざまです

それでも

小さな子どもが　自然のなかで遊び
年寄りが　畑で笑っていて
若者が　恋を語る

そんなかつての村の姿を
私たちは　一歩一歩　取り戻していきます

飯舘村が　再び輝くまで
決してあきらめない心で
までいの村に　かならず陽は　また　昇ります

（いいたて村に「陽はまた昇る」宣言）

そして、もうひとつは「『あたりまえ』のことが『ありがたい』と思う宣言」だ。

飯舘村はみんなで知恵をしぼり力を合わせて
「までい」に村づくりを進めてきました
その愛着ある「ふるさと」の風景は
私たちの心の中にいまもしっかり生き続けています

私たちは、全村避難で「ふるさと」を離れたことにより、
我が家がいかにいごこちの良い所であったか、
家族や地域のつながりがいかに大切であったか、
村の自然がいかに豊かで美しかったかを思い知ることになりました
「あたりまえ」のことがとても「ありがたい」ものであり

かけがえのないものであると思い知ったところです
飯舘村はこの「あたりまえ」を
今日からひとつひとつ取り戻していきます

（「あたりまえ」のことが「ありがたい」と思う宣言）


ふるさとを離れざるを得なかったこの6年間で、私たちは「あたりまえのありがたさ」を思い知らされた。

家族が一緒にいること。友だちがそばにいること。美しい風景に囲まれていること。

この場所で変わらぬ日々の暮らしが続いていくこと――。

なくして初めて気づかされた、いつもの毎日のありがたさ。

だからこそ、どんなに難しくとも、道が険しくとも、失った「あたりまえ」を取り戻さなければならない。

2018年3月11日、福島民報に掲出した広告

あきらめずに、少しずつ、一歩ずつ。そうすれば、この村には再び「あたりまえ」が戻ってくるはずだ。

「あたりまえ」を「ありがたい」と思うことが「あたりまえ」になる――その日は、必ずやってくる。

2つの宣言には、村の、村人の、そんな思いが込められている。

そして、避難指示解除から1年となった2018年の3月31日。飯舘村は、この日を「『あたりまえ』を『ありがたい』と思う日」に制定することを決めた。

何気ない日々のあたりまえのありがたさをかみしめる日。

もう二度と、あたりまえをなくしてはいけないという思いを新たにする日。

村のカレンダーに、とても大切な〝感謝と決意の日〟が刻まれた。

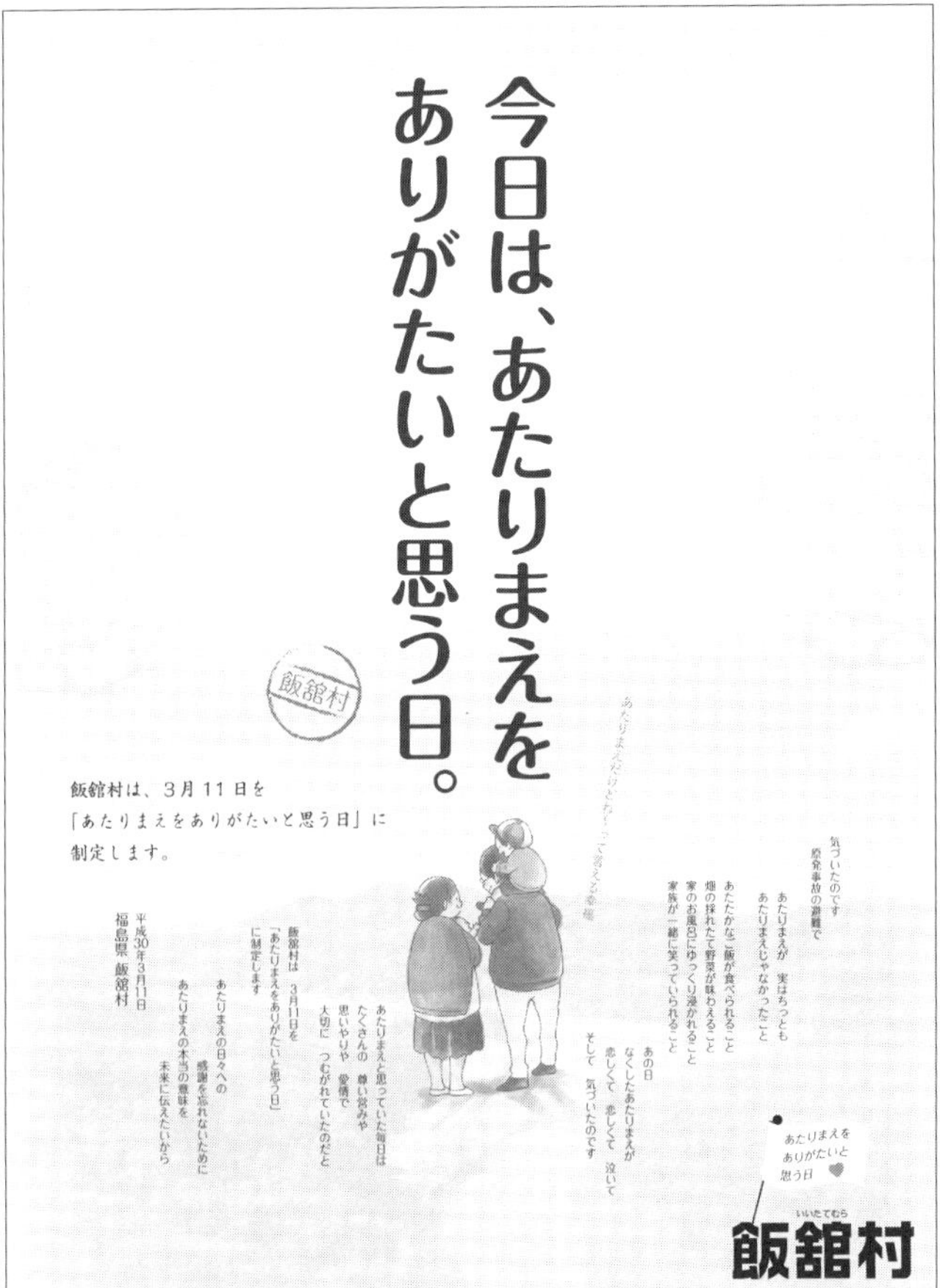

2018年3月11日、福島民友に掲出した広告

避難指示解除までの道のり

6年前に全村の避難指示が出されたとき、すべての村民に向けて提示した、村の再生への願いを込めた『までいな希望プラン』で私は、「2年で村に戻れるようにしたい」と宣言している。

村民が避難生活に入るにあたって、その不安を少しでも取り除きたい。いくばくかでも先の希望を持ってもらいたいと考え、悩みに悩んだ末に「2年」という期限をあえて設定したのだ。

しかし、原発事故による放射能汚染という日本では誰も経験したことのない災害からの復興は想像以上に困難を極めた。結果的には2年どころか3倍の6年にもわたる避難生活を村民に強いることになってしまった。このことは本当に申し訳なく思っている。

そもそも今回の避難指示解除の決定は、前年の6月にさかのぼる。

以前から私は国に「2017年3月に居住制限区域・避難指示解除準備区域の避難指

示解除を行ってほしい」旨の要望を出し、ずっと協議を続けていた。

　その結果として国（原子力災害対策本部）は、原発事故に関する福島の復興指針である『原子力災害からの福島復興の加速に向けて』の改訂を閣議決定。２０１６年６月17日に、「２０１７年３月31日に飯舘村の避難指示を解除する」ことが正式決定したのである。

　こうして避難指示解除は決定した。だが私にはもうひとつ、新たな復興のスタートラインに立つために越えなければいけない〝関門〟があった。

　２０１６年10月に行われた任期満了に伴う村長選挙である。これまで村長を５期務めてきたが、ここ２期ほどは無投票だったため、８年振りの選挙戦となった。

　当然、選挙戦の争点は「避難指示解除の時期の是非」に絞られ、避難指示解除は時期尚早だとする佐藤八郎候補と私との一騎打ちとなった。

　10月16日の投開票の結果、私が村長として６期めを迎えることになる。多くの村民が「現状の大変さをわかりつつも、復興へのスタートを切るべき」「ハードルはあるが、一歩ずつ前に進みたい」「いまさら避難指示解除を白紙に戻して何になる」という思いを私に託してくれたのだ。
除染への不安や将来への不安、賠償問題など村民が抱える事情や状況は百人百様。そうした声にも真摯に向き合い、謙虚に受け止め、すべての村民のための相談や説明、情報提供に努めていくことが、村のかじ取りを任された私の最大の責務だと思っている。

「支援への感謝と復興への決意」を新聞広告で発信

2017年3月31日、「いいたてむら　おかえりなさい式典」を開催するにあたり、村は全国紙3紙（朝日、読売、毎日、ともに全5段サイズ）と地元紙2紙（福島民友、福島民報　ともにカラー全面）に避難指示解除の報告と感謝の新聞広告を掲出した。

ただいまふるさと
多くの方々へ　感謝します。
感謝を　力にします。

これからも　よろしくです
（福島民友）

種を蒔きます
6年間、大事に握りしめていた種を
力を合わせて種をまきます
未来の　森の　種を
（福島民報）

解除の日を迎えることができたのは、全国の多くの方々から寄せられたあたたかい応援、支援があってのこと。だからこそ、心からの感謝を伝えたい。ありがとうの気持ちを届けたい。これが避難指示解除にあたっての

2017年3月31日の全国紙に掲出した新聞広告

2017年3月31日の避難指示解除にあわせて福島民報に掲出したカラー全面広告

2017年3月31日の避難指示解除にあわせて福島民友に掲出したカラー全面広告

私のいちばん強い思いである。こうした思いを形にする手段として選んだのが新聞広告だった。

さらに、この広告にはもうひとつの「私の思い」が込められている。それは、この災害を風化させないために、〝村の側から〟できる限りの情報発信をしていくという決意だ。私は県内２紙の広告に、こんな一文を載せた。

飯舘村は「忘れないでください」とは言わないように決めました。
なぜって…
よその大災害をいつまでも忘れないでいる自信がないからです。

だからこそ、忘れられないようにするため
これから先ずっと、この災害にしっかりと向き合い
かつ前向きにとらえ、復興の姿を発信し続けていくつもりです。

「あー、あの飯舘村、まだがんばっているんだ」と
「原発事故で全村民避難させられた村だったよな」と
忘れられない村に。
そして、訪ねて行ってみたくなる村へ。

みなさんに村の〝いま〟を知ってもらえるように。「忘れないで」ではなく「忘れられない村」そして「訪ねてみたくなる村」になるように。常にこれからの村の在り方を伝えていこうと考えたのだ。

当然、新聞広告を出すにはそれ相応のお金がかかる。今回全国紙3紙と地元紙2紙の計5紙への広告費はおよそ２０００万円。

この金額を巡っては、村議会でも侃々諤々《かんかんがくがく》の議論になった。「もったいない」「ほかに使うことがあるだろう」――なかにはそう考える議員もいた。その意見に一理も二理もあることは私にもわかっていた。

だが、人々の善意や好意、支援のありがたさを忘れず、その心に応えて、感謝の気持ちを精一杯に伝える。それもまた、この村が誇りにしてきた「までいの心意気」ではなかったか。

そして、この新聞広告は感謝の意を表すだけでなく、全国に向けた飯舘村の再出発宣言でもある。だからこそ、それだけのお金をかける価値があるのだと。

そして多くの議員の賛同を得て、議会の承認のもとに掲出した5つの新聞広告は、のちに思わぬ形で評価されることになる。日本新聞協会が主催する「第37回新聞広告賞」の優秀賞に選ばれたのだ。

穿って考えれば、「あの飯舘村」という〝忖度〟があったのかもしれない。だが、それ以上に、「避難自治体が支援への感謝と復興への決意を発信した」という取り組みに大きな意義を見出していただけたのだと私は思っている。

後日、広告を見たという福島県郡山市のご高齢の方が、地元紙にこんな感想を送ってくださった。

「31日の〝までいの村〟の広告を見ました。一読者一県民としてその気持ちが強く感じられ、ついつい涙してしまいました。「がんばって」とは言いません。遠くから大きな拍手を贈ります。（中略）20年前行った思い出の村にもう一度行ってみたくなりました。今月中に行きたいと思います――（一部抜粋）」

その気持ちのありがたさに、思わず涙がこぼれた。この村は、こうした声に、こうした拍手に、何としても応えて、必ずや復興を遂げなければならない。私は、その思いに身を引き締めた。

戻る人にも、戻らない人にも「村はふるさと」

どのくらいの村民が戻るのか。目標としている帰村者数は何人か。村の人口の推移をどう考えているのか――。避難指示の解除が公になって以降、メディアの方からは常にこうした質問を受けている。

しかし私はこれまで、こうした問いかけに対して一切の具体的な数字や目標を答えていない。なぜなら〝成り行きに任せる〟姿勢でいこうと思っているからだ。

自治体の首長がそんないい加減なことでいいのか。そんな声があるかもしれない。しかし、決していい加減な気持ちで言っているのではない。

今回、原発事故の放射能災害による６年間の避難生活を通じて痛切に思い知らされたのは、地震・台風・津波などさまざまな災害があるが、放射能による災害は他の災害とはまったく異質だということだ。私が考える「異質性」とは以下の３つだ。

ひとつは、人の価値観や考え方は百人百様だということ。

放射能は目に見えない。影も形もない。色も臭いもない。そのうえ、私たちは放射能に関する知識をほとんど持っていない。何が、どこまでが安全で、何が、どこまでが危険なのか。私も含めて多くの人はそれを知る機会もなかったのだから。

そうした未知の相手に対する価値観や判断基準、対峙の仕方は、人によってまったく違ってくる。何を頼みにするか、何に従うか、100人いれば100人の考え方があるということだ。

2つめは、放射能災害が他の自然災害と異なるのは、その復興が「マイナスからゼロへ向かってのスタート」だということ。

他の災害は、大きな痛手を負いながらも人々は心をひとつにして力を合わせ、悲しみを乗り越えて「仕方がないから、ゼロからスタートするか」ということで人生を、社会を再スタートさせて復興に向かっていく。

だが、放射能災害は大きなマイナスからゼロに向かってのスタートだ。人々の心をひとつにするというゼロ地点のずっと前から取り組まなければならない。自分の住む場所やふるさとの存続すら危ぶまれ、復興には何十年、何百年、いやもっともっと先までかかるかもしれない。それでも完全に元どおりにはならないかもしれない。

その厳しい現実を覚悟することが、放射能災害からの復興のスタートなのだ。

3つめは、若い人と子どもたちが戻らないということ。村の未来を考えるとき、いちばんの難題であるのは言うまでもない。

放射能や被ばくに関するさまざまな情報が飛び交うなか、親御さんが「子どもが心配だから村には戻らない」と考えるのはあたりまえだし、若い人が「将来生まれる子どものこと」を考えるのもあたりまえだ。

地域の、ふるさとの未来が脅かされる。これも放射能災害が他の自然災害と大きく異なるところなのである。

帰村については成り行きに任せる――私がそう考えたのは、こうした放射能災害の特異性を思い知らされたからこそだ。

もし他の災害だったら、子どもたちや親御さんに「戻っておいでよ」と言えただろう。言い方は悪いが〝首に縄をくくりつけてでも〟若者を戻らせるような取り組みも考えただろう。

しかし、この村が見舞われたのは放射能災害なのだ。村民に帰村を押し付けることはできない。

私にできるのは、ふるさとへの情熱を込めて、より質の高い暮らしを提供できる環境を整えること、魅力ある村づくりを進めていくことだ。

飯舘村は帰村する人にとっても、帰村しない人にとっても「ふるさと」であることに違いはない。

いまは戻るつもりがない人でも、いつの日か戻りたいと思う日が来るかもしれない。それぞれの事情、それぞれの考えで「戻ろう」と思ったときに戻ればいい。帰りたくなったとき、そこに「ふるさと」があればいいのだから。

すぐに戻る人のために、すぐには戻らない人のために、もう戻らない人のために、すべての人のふるさとを守るために必要なことを今後もやっていく。

そうすれば、少しずつであっても、必ず人々は村に戻ってきてくれる。村に子どもたちの声が響き渡る日が来るはずだ。

２０１７年３月31日。避難指示の解除は、避難生活が終わるゴールではない。

いつか来る〝その日〟のために、飯舘村が生まれ変わるために、マイナスからゼロ、そしてその先のプラスに向けて歩み始める、「始まりの始まり」なのだ。

第2章

村民を守り、村を活かす

――村を〝村のまま〟再生するために

「車で1時間圏内への避難」へのこだわりが、村再生の土台に

6年間におよぶ全村避難という状況のなかで私がもっとも重要視していたのは、「いかにして村のコミュニティを維持するか」ということ、この1点に尽きる。

2011年4月22日、飯舘村は計画的避難区域に指定された。具体的には「年間積算線量が20ミリシーベルトに達するから、1カ月以内に全村避難しなさい」と国から指示されたということだ。

全村避難、それはすべての村民が村を去ることに他ならない。当然、村は無人になる。農業、工業、商業、行政、教育――村のすべての機能は停止し、村の息吹も止まってしまう。そんなことになれば、村はゴーストタウンになってしまうだろう。

もちろん健康を、命を守ることが最優先であることに異論などあろうはずもない。だから全村避難になるのは仕方がない。一時期、村に戻れなくなるのも仕方がない。

だが、村で築き上げてきた村民同士のつながり、心のつながり、地域のコミュニティまですべてを手放してしまうことだけは、何としてでも避けなければならない。

私たちは、村から立ち去るのではない。しばらく村を離れるだけなのだ。再びこの地に戻ったとき、飯舘村が〝あの頃の飯舘村〟のままであるように。地域のコミュニティを維持しながらの避難生活と復興は、この村の未来へ向けての最大の課題だった。

全村避難を受け入れながら可能な限りコミュニティを維持するために、いちばんこだわったのが避難先と村との距離だった。

双葉地方など、原発事故からすぐに避難せざるを得なかった自治体では、とにもかくにも避難することが先決となるのが当然のこと。避難先との距離にこだわる余裕などなかったのも致し方ないことだ。

だが飯舘村は、事故直後は避難指示の圏外だったため、全村避難になるまでに若干の時間的猶予があった。

そこで私はコミュニティを維持し、村の機能を失わずに避難できる方法はないものかと知恵を絞って考え抜いた末に、「村から車で1時間圏内への避難」を職員に指示した。村民みんなが村からこのくらい近くにいれば、仕事を辞めずに済む人もいるだろう。

転校せずに村の学校に通える子どももいるだろう。仲のいいご近所さんとも顔を合わすことができるだろう。家族が分かれて避難せざるを得ない人も、お互いが1時間圏内ならば、さほどの無理なく行き来できるだろう。

避難した村民たちにとって物理的にも、心情的にも、はるか遠くに離れてしまうことなく、村の存在を見失うことなく、避難生活が送れる。そのギリギリの距離が「車で1時間」だと考えたのである。

制約のある避難先を確保するのは容易ではなかったが、役場の職員たちが必死にがんばってくれた。

その結果、国の要望だった1カ月で避難という指示は守れなかったが、避難指示から2カ月後の6月22日には村民の90％が私の要望どおりの「村から車で1時間圏内」に避難することができたのである。

長かった全村避難が解除されたいま、改めて思う。あのとき「避難先は車で1時間圏内」という考え方を曲げずに貫いてよかったと。

帰れないけれど、ずっと近くにいた。村にいなくても、村の仲間とのつながりを続けてこれた。ふるさとを「遠くにありて思う」のではなく、「近くにありて慈しみ、見守って」きた。そばにいたから、村とつながっている気持ちになれた。

その思いは、これまでの避難生活で人々の心の支えとなり、これからの村の復興に向けた取り組みの揺るがぬ土台となるに違いない。そう思っている。

村民も守り、村も活かす。その両立こそが本当の復興

全村避難によって村をゴーストタウンにしたくない——。

避難しながらの村のコミュニティ維持のために、「放射能のリスク」と「生活の変化リスク」のバランスをどう取るかということにも腐心した。

原発事故による放射能のリスクには本気で向き合うのは当然のことだ。

だがそのリスクだけが声高に叫ばれ、問答無用ですぐ避難、できるだけ遠くへ避難することによって村民の生活がズタズタに壊されてしまうリスクについても配慮する必要

がある。私はそう考えた。

「ある程度村の機能を維持しつつ生活変化のリスクを小さくしながら、できるだけ速やかに放射能のリスクから逃れる」という仕組みが必要だと。前項で書き述べた「車で1時間圏内に避難」も、こうした考え方を基に練り上げた基本的な考え方なのだ。

私がこのような考え方に至ったのは、ある人の言葉によるものだ。21世紀に入る数年前のことだったと思う。ある大学教授の話を聞いた際に「21世紀は必ずバランスの時代になる」という言葉がとても印象に残り、心に焼き付いていたのだ。

最初はどのような意味なのかよくわからなかったのだが、村政を進めていくうちに少しずつわかりかけてきた。

ものごとには必ずプラスの面とマイナスの面がある。しかも答えは「白か黒か」だけではない。さまざまな考え方のなかでよりベターな答えを選んでいくことも考えなければならない時代に入っていく——ということだったのだ。

だからこそ村民の避難においても、放射能に対するリスクだけでなく、同時に生活変化のリスクも考えなければという思いが生まれたのである。

こうした私の考え方には方々からの反発もあった。「村民をモルモットにする気か」「辞めろ」といった抗議メールも毎日、山のように届いた。

だが、私は村長だ。避難にあたっては、村民の健康を守りつつ、村の崩壊を防ぐ手立てもしっかり考えておかなければいけない。私にはその義務と責任があった。

そのため私は、政府に継続的な区域内操業への支援を要望した。

飯舘村にはいくつもの企業の工場が置かれており、村民や近隣地域の住民にとって貴重な雇用先となっている。それらの工場がすべて避難対象となれば、工場の閉鎖、ひいては雇用機会の喪失につながり、それは村の崩壊に直結してしまう。私はそれを恐れた。そして考えた。

計画避難区域として避難対象になっているのは「年間積算線量が20ミリシーベルトを超える場所」だ。調べてみたら、屋内は線量がとても低いということがわかった。ならば逆に言えば、線量の低い屋内で業務を行う企業や施設は、避難先から通うという形での操業が可能なのではないか。そう国に提案したのだ。

その結果、放射線量を定期的に測定すること、数値が上昇した際には操業を見合わせること、従業員の健康管理に十分留意すること、利用者が屋外に出ないことなどを条件に、国は飯舘村にある数カ所の事業所に対して、村外避難の例外措置を適用、村内での事業の継続を承認した。

事業継続を認められた事業所のひとつに、ドローンやロボット開発で名高い菊池製作所（本社：東京都八王子市）の主力工場がある。

地域に根差した企業をという理念を持たれる飯舘村出身の菊池功社長の英断もあって村内での操業を続けていただき、そのおかげで多くの雇用が守られている。

菊池製作所はこの間にジャスダック上場を果たし、のちに天皇皇后両陛下もご視察にお見えになった。操業継続の案を出したのは村の側なのだが、逆に「今日の会社があるのは、あのとき避難せずに村に残れたから」というありがたい言葉をいただいた。

そのことがあって、後に「よくあのドサクサのなかで小さな村が国を説き伏せることができたものだ」という声も聞かれた。

同様に事業継続が認められた事業所に特別養護老人ホーム「いいたてホーム」がある。

高齢者に関しては放射能のリスクよりも、避難による移動や生活環境が急変するリスクを重視するべきというのが私の考えだ。

事故当時、「いいたてホーム」には約１００人の高齢者が入所していたが、その入所者たちを村外へ移動させるにあたっては、健康管理という側面で大きな懸念があった。今回の災害では、老人ホームに入所している高齢者が避難所への長時間の移動中や、移動後に体調を崩して亡くなるというケースが相次いでいたのだ。

実を言うと、私もそうした状況で義理の母を亡くしている。病院に入院中だった義母は、高齢だったにもかかわらず避難先を転々とし、その最中に亡くなった。

ホームの入所者にとっては、慣れない避難先でストレスを抱えながら暮らすより、住み慣れた老人ホームに留まるほうがいいに決まっている。私は身をもってそのことを知っていたのだ。

ホームの方々にも賛同していただき、「いいたてホーム」も村内に残り、避難所から通う介護職員らによって事業が続けられることになった。

そのほかにも室内のみで操業できる企業が数社、事業継続を認められ、全村避難の間も9事業所、約550人の雇用を維持することができた（のちに3社ほど撤退）。

放射能によるリスクと生活変化によるリスクのバランスを考える。それは言い換えれば「村民を守るための対応」と「村を活かすための対応」の両立を目指すということだ。村を〝私たちの村〟のまま再生したい。人も生きる、村も生きる。それでこそ本当の復興なのだと、当時もいまも、私はそう信じているのだ。

どこにいても飯舘村民――総理大臣賞受賞の「離れてもつながる」仕組みづくり

原発事故が発生する前の時点で飯舘村の人口は約6000人、約1700世帯が住んでいた。しかし全村避難となったのち、世帯数だけが約3200世帯と倍増している。

その原因は、避難に際してひとつの家族が同じ仮設住宅や避難施設に入ることができず、2つ、3つとバラバラに分かれてしまった、そうした家族がたくさんあったということにある。

私の中に、たとえ車で1時間圏内という距離であっても実際に村を離れ、家族とも離れ離れという状況が長引けば、村との絆、住民同士の絆を維持することは難しいのではないかという危惧があったのも事実だ。

村と村民とのつながりを維持するために欠かせないのは情報だった。いま村の様子はどうなっているのか。村はどうなっていくのか。仲が良かったお隣さんや友人知人は元気なのか。そうした情報を村民みんなが共有できれば、村と人との絆もある程度守ることができるはず――。そのために何かいい方法はないか。

そう考えていた私に、村の職員たちが知恵を絞って素晴らしいアイデアを提案してくれた。インターネットを使って、すべての村民がどこにいても飯舘村の情報を知ることができるシステムを構築するというものだ。

そうだ、その手があった。携帯電話のメールすらまともに使えないデジタル音痴の私にとって、その発想はまさに目からウロコが落ちる思いだった。

さっそく準備に取り掛かり、２０１２年８月には全世帯に1台ずつ（避難によって分かれた世帯には2台を上限）合計で２５００台のタブレット端末を配布、双方向で情報交換ができるシステムの運用をスタートした。

避難している村民同士のコミュニケーションや時間差のないリアルタイムでの情報共有、名付けて「村民の声ネットワークシステム」だ。

離れた村民同士が顔を見ながら話せる「テレビ電話」や避難区域や賠償などの情報を配信する「お知らせ版」の配布、村への質問や要望を受け付ける「住民相談・アンケート」、村内の様子をライブカメラで確認できる「ふるさとカメラ」、「放射線量情報」「家族伝言」など、村独自の機能にこだわった。

また高齢者が多いため、職員が何度も避難先に出向いて使い方の説明会を実施するなど、スムーズな導入にも心を砕いてきた。

こうした試みは原発事故による被災自治体では初めてだったようで、飯舘村での運用開始以降、同様のシステムを導入するところも現れたと聞いている。

避難指示解除から1年後の２０１８年3月31日をもって、「村民の声ネットワークシステム」はいったん終了となるが、現在、それに代わる新しい情報発信手段としてスマートフォンやタブレット端末用の〝村のアプリ〟開発を検討している。

さらにもうひとつ、住民との情報共有のために力を入れたのが村の広報活動だ。月1回のサイクルで発行している広報誌『広報いいたて』の紙面充実、村のホームページもできるだけ更新頻度を増やし、最新の情報を発信、役場からのメールマガジン配信など。村から村民へと多角的な情報発信をすることで、役場と村民との交流の円滑化を図ってきた。

ただ、タブレットによる「村民の声ネットワークシステム」にせよ、広報活動にせよ、こうした情報発信業務の拡充には相応の人手が必要になる。自らも避難しながら日々の激務をこなしている村の職員だけではどうしても手が足りない。

そこで今回の全村避難を機に、役場のＩＴ関係と広報のふたつの業務に関しては、民間企業も入れて進めていこうと考えた。公的機関の業務の民間委託にはいろいろと意見もあるが、やはりいまは通常のときではない。もちろん丸投げはせずに職員といっしょに業務にあたってもらっているが、民間の発想が入ることによる広報活動の幅や可能性の大きな広がりを感じている。

そのおかげもあってか、全村避難という状況下での情報発信の取り組みが評価され、公益社団法人日本広報協会が主催する２０１３年の「全国広報コンクール」において、飯舘村は最高賞である内閣総理大臣賞に選ばれるという栄誉にあずかっている。

避難指示は解除になったが、実際に帰村している村民がまだわずかなのも事実。村民の避難生活はまだ終わったわけではない。そうした状況のなかで村民同士の絆を維持するために、村は何をすべきなのか、何ができるのか。これからも知恵を絞って考え、取り組んでいきたい。

交通手段のない高齢者に一時帰宅の〝足〟を

避難指示区域の見直し後、帰還困難区域となった長泥地区を除く19の行政区では、宿泊はできないが日中の一時的な帰宅は可能になった。

仮設住宅に移ってからも自宅がどうなっているか確認したい。
戻れる日のために家の片づけをしておきたい。
住み慣れた家でホッとした時間を過ごしたい。

この一時帰宅については、解決しなければならない問題がひとつあった。それは〝帰宅の足〟だ。

現在、飯舘村には公共交通機関がほとんどないため、一時帰宅の際は車に頼らざるを得ない。だが村には車の運転ができない人、運転できる家族がいても時間が合わず自分の都合で帰れない人もいる。とくにお年寄りにはそうした人が多い。

村への交通手段を持たない人の一時帰宅をどうするか――。そこで村では2013年8月から、交通手段を持たない村民の一時帰宅の支援をするために、避難先と村とを結ぶ定期の送迎バスを運行することにした。国の「福島原子力災害避難区域帰還・再生加速事業」での実施となる。

一時帰宅のためのバスということで名前は「いっとき帰宅バス」。毎週月曜日から金曜日（祝日を除く）まで4つのコースで1日1便の運行とした。

朝、仮設住宅を回って村に向かい、1軒1軒の自宅の入口まで送り届け、夕方に各自宅を巡回して迎えに行ってピックアップし、仮設住宅に帰る。乗車日の2日前までに予約をすれば、村民ならば誰でも無料で利用できる。

これなら車のない高齢者も自分の家にゆっくりと一時帰宅することができる。「これまでは、家族に車を出してもらって戻り、用が済んだらすぐ帰るしかなかった。家でゆっくりひと息つくことができるのはうれしい」

「仮設住宅は手狭だから、ここにきて足を伸ばして昼寝すると生き返る」

――バスの運行直後から、こうした声が聞かれるようになった。そんなとき、少しではあるが、人々の表情に明るさと元気と希望の色が戻るようにも感じる。

やはり、家がいちばん。村がいちばんなのだ。

この「いっとき帰宅バス」の利用者は、運行から約1年後の2014年11月末で1000人に到達し、2018年3月現在では3728名が利用している。村民共通の〝足〟

として、現在も運行されている。

完全には戻れなくても、少しの間でも、わが家で過ごす安らぎの時間を持つことができるように。誰もが戻りたいときに戻れるように。

送迎バスによる一時帰宅の支援もまた、村と村民の結びつきを支え、村をあの頃の村のまま再生するために必要な取り組みなのである。

離れても〝心の住所〟は飯舘に――ふるさと住民票

とはいえ、いくら情報発信やコミュニケーションの維持に努めても、先の見えない避難生活は村民の不安を増大させていく。避難生活が長引けば「もう村には帰れないかもしれない」という思いに駆られる人が出てきても何ら不思議はない。

これまでの制度では、住民票を移さなければ避難先でスムーズに公共サービスを受けられない。そんな〝肩身の狭い思い〟をするくらいなら、「いっそ避難先に住民票を移してしまおう」と考える人も出てくるだろう。それでは、その人たちと飯舘村とのつながりが途絶えてしまう。

そのことを危惧した私は、2011年5月9日、ヒアリングで村を訪れた片山善博総務大臣(当時)に直接、「『二重住民票』的な制度をつくっていただかないと、私は村民を安心して避難させられない」と要請した。

村に住民票を置いたまま、避難先でも公共サービスを受けられる。避難で村を離れていても、村の住民というアイデンティティを持っていられる。そんな制度をつくってほしい。

要請というよりも〝懇願〟に近い訴えになった。至極冷静なつもりでも話しているうちに、ひとりまたひとりと村民が村を去っていく、村から次々と人が消えていく、そんな悲しい光景が脳裏に浮かんでくる。このままでは村は本当にバラバラになってしまう――。気がつけば、私の頬には大粒の涙がボロボロとこぼれていた。村にとっては、それほどに切実な問題だったのだ。

私の訴えにじっと耳を傾けていた片山大臣は、「前向きに検討する」と約束してくれた。片山大臣はかつて鳥取県知事時代に県西部地震(2000年)に遭遇、災害による被害で避難している人々の姿を現場で見てきた経験を持っている方だ。それもあって、こうしたときには「現場の声に寄り添うことがいちばん大切」なことをよく知っていたのだろう。

大臣は、帰京してすぐ官僚に、避難先で十分なサービスを受けられる措置の検討を指示したという。だが官僚にすれば「いきなり二重住民票の導入なんて、大臣は何を言い出すんだ」となったそうだ。

そもそも二重住民票には、住民税の問題、選挙権の問題など越えなければならないハードルが多かった。それをすぐに導入・運用することなどまず無理だろう。だから当然、国の方針もなかなかまとまらない。残念だが、そうした状況では二重住民票の導入はあきらめるしかなかった。

だが、この二重住民票導入の要請は無駄ではなかった。結果的には避難者を受け入れている自治体への、1人あたり年間4万2000円の交付税措置による財政支援が行われることになった。

さらに2015年8月、事の経緯を知った政策シンクタンク「構想日本」に声をかけていただき、いくつかの自治体と共同で二重住民票に代わる制度の構築を進めることになったのだ。

そして同年8月、構想日本と飯舘村を含む全国8市町村の首長が、ある仕組みの共同提言を行った。

それが「ふるさと住民票」だ。住民登録していなくても「住民」と認め、一定の公共サービスが受けられる。現行制度でも実現可能な仕組みである。二重住民票の導入はかなわなかったが、そこから派生して新しい制度が誕生したのだ。

翌年から運用が開始され、すでに全国5市町村が導入している。〝言い出しっぺ〟でもある飯舘村もずっと着々と準備を進めてきており、2018年3月から東北の自治体で初めての導入が決まっている。


飯舘村が「ふるさと住民票」を導入することには2つの大きなメリットがある。

ひとつは、私が願っていた「ふるさととのつながりの維持」だ。避難先の自治体に住民票を移した人でも、ふるさと住民票に登録することで「飯舘村民」として村とのつながりを保つことができる。

そしてもうひとつ、村外の人の村への関心が高まるというメリットもある。

制度の登録者には村民と同料金での公共施設の利用、村の10大ニュースへの投票権や「1日村長」就任といった特典を設けており、村外の人たちが村を訪れるきっかけづくりになるだろう。また、全国から登録者が集まれば、あちこちに「飯舘村応援団」ができる。それは復興への大きな力になるはずだ。

登録者には「ふるさと住民カード」を発行する。わたせせいぞうさんにイラストをお願いしたオリジナルデザインなど3種類、

念願のふるさと住民票も導入された

500枚ずつ計1500枚を用意した。

さしあたっての村外登録者としては「ふるさと納税」の寄付者や村の「いいたてっ子未来基金」に善意を寄せてくれた方を想定している。

飯舘村に関心がある人ならば、年齢も居住地も関係なく登録できる。詳細は村のホームページなどに載せる予定なので、ぜひ多くの人に登録していただきたい。

ふるさと住民票は選挙や税金などに関する法的な効力を持っていない。しかしこの制度は二重住民票以上に、私が何よりも大事にしている「心の結びつき」を深めてくれるに違いない。

法律上は違う自治体の住民になったとしても〝心の住所〟はふるさとにある。村の復興を願う〝村外の村民〟が全国各地にいる。

その安心感や心強さにこそ、ふるさと住民票の意義はあるのだと私は思う。

復興に欠かせない「村の診療所」が帰ってきた

村の復興再生に、帰村後の生活に欠かせないのが「医療施設」の存在だ。村唯一の診療所である「いいたてクリニック」は原発事故の１カ月後に村が計画的避難区域に指定され、住民の避難が始まってからも診療を続けてくれていたが、村民の全村避難がほぼ完了した２０１１年６月、ついに閉鎖になった。

だが、クリニックの職員たちが福島市松川町にある飯舘村の仮設住宅にサポートセンター「あずまっぺ」を開設、通所介護や地域交流の場の提供などの健康関係補助事業を行ってくれていた。

そこで私は、全村避難から2年になった２０１３年6月、「いいたてクリニック」を運営している社会医療法人秀公会と１通の協定書を交わした。それは、

「将来、飯舘村に住民が戻ったときには診療を再開することを確認する」

というものだ。

この段階では、いつ村に戻れるかなどまったくわからない状況ではあったが、いつか必ずやってくる〝そのとき〟のために、「診療所がないのは――」という住民の不安を取り除いてあげたかったのだ。

村に帰れば診療所がある。それだけでも帰村を願う人々にとっては心強いことなのだ。私の提案を快諾してくれた秀公会には感謝している。

そして、6年の時を経てようやく避難指示の解除が決まる。そのときもクリニックはいち早く動いた。2017年3月末の避難指示解除に先立って、前年の9月1日から村のクリニックでの診療を再開したのだ。

同じ9月には長期宿泊も許可され、避難指示解除を前に帰村準備を始める人も出てきた。少しずつ動きを取り戻してきた村の実情にあわせての取り組みだった。

閉鎖前は月～金曜日の午前と午後、土曜日の午前という診療時間だったが、さすがにそれは無理があるため、当面は火曜と木曜日の午前9時から正午までの診療とすることに決め、秀公会から医師と看護師、事務員が一人ずつ配置されることになった。

だがこの体制も帰村の状況に応じて臨機応変に見直すなど、秀公会と協議を進めていくことになっている。

この「いいたてクリニック」は、今回の災害に遭う1年前（２０１０年4月）に公設民営の施設として開設された診療所だ。

かつて飯舘村には診療所が２つあった。飯舘村は１９５６年に大舘村と飯曽村の２カ村合併によって誕生したという歴史がある。当然、村役場はひとつに統合されたが、診療所は合併後もずっと旧両村にあったものがそのまま使われていた。

だが、どちらも診療所としての設備が充実しているとは言えなかったため、村民は何か事があれば福島市をはじめ近隣の大きな病院に行くというのが実情だった。

中途半端な診療所が２つあっても村の医療レベルは上がらないと考えた私は、診療所をひとつにまとめることに決めた。

公設民営（村が建てて運営は民間）という仕切りをつくっていくつかの民間病院に声をかけたのだが、「やめたほうがいい」「お金がかかるだけ」「大きな病院に行くバスを出したほうが効率がいい」と、どこからも断わられてしまった。

そんななか手を挙げてくれたのが福島であづま脳神経外科病院を運営している社会医療法人「秀公会」だった。

もう亡くなってしまったが、あずま脳神経外科の院長が「我々にとっては地方医療も大切な事業」とおっしゃって診療所の運営を引き受けてくれたのだ。

議会の説得もスムーズに進み、2010年4月に新しい診療所「いいたてクリニック」が開業した。

だが、その1年後、原発事故による放射能災害が村を襲ったのである。

いま思えば、このタイミングで診療所を統合しておいたことが功を奏して、避難生活や村の復興の大きな支えになっている。もし昔のように小さな診療所のままだったら、避難指示解除直後の村に再び医療施設を設けることなど絶対にできなかったはずだ。それを考えるたび胸をなでおろしている。

何かしらの〝虫の知らせ〟だったのか――それはともかく、クリニックについては事前に手を打っておいて本当によかったと思っている。

実は〝虫の知らせ〟はほかにもあった。

飯舘村は、2010年10月に、福島県内では初めて「日本で最も美しい村」連合に加盟した。「日本で最も美しい村」連合とは、日本の農村や漁村が景観・文化を守り〝美しい村〟として自立を目指す運動を行う組織として2005年に発足したNPO法人だ。

つまり飯舘村は、期せずして東日本大震災と原発事故が発生する5カ月前というタイミングで、「日本で最も美しい村」連合に加盟を果たしたことになる。このこともあって、震災後は「美しい村」連合の方々からもあたたかい応援をいただくことができた。

また、震災の2カ月前となる2011年1月には飯舘村の観光PRをお願いすべく、10人の「までい大使」を任命したばかりだった。「までい大使」の方々にも、直後に発生した震災と原発事故に際して、さまざまな角度から応援していただけた。

クリニックの統合然り、「日本で最も美しい村」連合への加盟然り、「までい大使」の任命然り。こうした取り組みが、結果的に〝事前に手を打った〟ことになり、飯舘村は、より多くの方々に応援していただくことができたのである。

第3章

ありがとう、そして、おたがいさま

——多くの善意に支えられて

「産品がない村」だからできた独自の「ふるさと納税」
――復興までい寄付金

近年、居住地にかかわらず、自分のふるさとや思い出の市町村、応援したい自治体に寄付する「ふるさと納税」が話題だ。また返礼品として金額に応じた地域の特産品を受け取れたり、税金控除を受けられたりする特典も人気の理由になっている。

飯舘村でも原発事故以前の２００８年からすでにふるさと納税制度を導入していたのだが、復興に向けた財源の確保のために従来の仕組みの見直しを行い、２０１５年12月から「復興までい寄付金」として改めてスタートさせた。

だが、そこに至るまでには、やはり大きなハードルを越えなければならなかった。

飯舘村は昔から畜産が盛んで、なかでも飯舘牛は有名だ。村と農協、商工会で「いいたてミートバンク」を結成し、力を合わせ、長い年月をかけて飯舘牛のブランド化に取り組んできた。

震災の数年前からは東京・銀座の高級レストランで食材に採用されたり、東京マラソンや箱根駅伝のスタッフ弁当に使われたり、ようやく少しずつ世にその名が知れ始めたところだった。

だが、それも原発事故によって状況は一変する。

放射能に汚染され、すべての住民が避難を強いられ、飯舘牛をはじめ、あらゆる産品をつくることも売ることもできなくなってしまったのだ。

当然、ふるさと納税（復興までい寄付金）で寄付をいただいた方に返礼の産品を贈ろうにも贈るものがない。まして職員は毎日多忙を極めている。

これではふるさと納税などできるはずがないと思っていた。私は考えた。何かいい方法はないものか。そして、「マイナスのなかからプラスを探す」ために思い切って発想を変えてみたとき、ひとつの答えが浮かんだのだ。

地元の産品がないのなら、「ない」ことを逆手にとるしかない。ならば原発事故以来、飯舘村を応援してくださっている全国の自治体や企業の産品を幅広く集めて、ほしいものを選んでもらうというスタイルならどうだ。選択肢が広がって、より喜んでもらえるふるさと納税が可能になると考えたのだ。

こういうことは、ひとつ山を越えると、そこからはトントン拍子に運び出すもの。運よく、あちこちの自治体からふるさと納税の事務処理を請け負っている会社を紹介してもらえた。そしてその会社が持っている全国各地の自治体とのパイプを通じて、飯舘村のふるさと納税の主旨と産品提供を取り付けることができたのである。

寄付をいただいた方には産品カタログを送り、金額に応じた品を選んでもらうという仕組みだ。

秋田のお米「あきたこまち」や福岡の博多明太子、沖縄のあぐー豚に北海道のトマトジュースなど、約350点以上の全国各地の特産品から、寄付の金額に応じたものを選ぶことができる。

こうして「自前の産品がないから、他の自治体のものを贈る」という〝飯舘流〟のふるさと納税（復興までい寄付金）が始まったのである。

とはいえ、スタート当初は「これで寄付金が集まるのか」「飯舘村に目を向けてもらえるのか」という不安もあった。

だがありがたいことに、それは杞憂だった。

２０１５年12月1日から募集を始めた「復興までい寄付金」はスタート直後から話題になり、１カ月で８５００人の方から合計で3億３０００万円もの寄付が集まったのである。

それ以降も多くの方に寄付をしていただき、開始から2年1カ月で約8億円もの金額が集まっている（２０１８年1月現在）。これは福島県内の自治体でもトップクラスの数字だろう。

世の中、何がどう転ぶかわからない。「ないからできない」ではなく「ない故に何ができるか」。前向きに柔軟に知恵を絞れば、そこに活路は見出せるのである。

原発の恩恵に預かっているわけでもないのどかで小さな村に放射能が降り、すべての住民が家をふるさとを追われることになった。そんな不条理な苦境を強いられるなか、腐らず、前向きに取り組む姿勢を、全国のみなさんが応援してくれているのだ。そう思うたび、私には感謝の気持ちしかない。

善意の行き先を、見に来て確かめてもらえたら
——ようこそ補助金

　ここまで大勢の方が飯舘村のふるさと納税を選び、喜んで寄付してくださったのは、全国各地の産品を選べるという独自の返礼品もさることながら、寄付したお金の使い道を明確に開示してきたことも理由のひとつではないかと思っている。

　自分が寄付したお金は、村の何に、どこに使われたのか——。

　今回の東日本大震災では、日本中、世界中から多くの義援金が届けられた。ところが、その義援金が本当に必要とする被災者に届いているのか、どんな復興に使われているのか、まったくわからない。あちこちからそんな声が上がったことは記憶に新しいだろう。

　自分の手元を離れたお金が行方不明になってしまうような仕組みでは〝喜んで〟寄付したいという思いに歯止めがかかってしまう恐れもあるということだ。

　だからこそ、飯舘村のふるさと納税は、常に「ご支援いただいたお金は、これこれに使っていきます。こういう形で役立てていきます」と、その使い道を最初からすべてオ

ープンにしている。

寄付をいただいた方に送る産品カタログには「皆様からの善意の気持ちは、こんなことに使わせていただきます」として、例えば最初の2015年度なら、

・復興の象徴となる復興拠点に「触れ合う彫刻」を建立、設置するため

・汚染された村をきれいにする、花を中心とした産業復興と環境整備のため

・帰村する子どもたちのための施設設備や交流を中心とした事業運営費用のため

と明記。実際に復興拠点としてオープンした道の駅にシンボルとなる2基のブロンズ像や花卉《かき》栽培ハウスなどが完成している。

また翌2016年度には、

・新装になった交流センター「ふれ愛館」で定期的に文化事業を行うために
・ひとりでも多くの子どもに戻ってもらうための学校とスポーツ施設の整備に

・応援していただいた方々に村に足を運んでもらうための一助に

と、ここでも寄付金の行き先を最初に提示している。

また、寄付していただいた方全員を対象に、返礼品のほかに2015年度には村の4年半の避難生活をまとめた記録誌『までいの村に陽はまた昇る』を、翌年は村内で営農再開第一号となった苺農家の夏イチゴを使ったフレーバーティを、産品カタログといっしょに村独自で発送している。

お金の使い道だけでなく、感謝の気持ちをより明確にお伝えするようにしている（今年度は震災記録誌『6年の歩み（仮）』を送付予定）。

前述したように、2017年度の寄付金の使い道のひとつに「村に足を運んでもらうための一助」とある。

これもまた、善意のお金がどう使われたのかを明確にするために考案した飯舘村独自の取り組みだ。その名は「ようこそ補助金」。

これはふるさと納税（復興までい寄付金）もしくは「いいたてっ子未来基金」に1万円以上寄付していただいた方を対象に、村を訪れていただく際の交通費の半額（片道分）を上限6万円まで、村で負担しましょうというもの。

寄付によってつくられたものが村内に少しずつできあがっているので、ご自身の目で見ていただきたい。そうした思いから生まれた制度だ。

職員からは「1万円の寄付に6万円も払うのはやり過ぎじゃないか」という声もあったが、みなさんから寄付していただいたお金を財源にしており、これもまた寄付金の明確な使い道のひとつになっているのだからいいのではないかというのが私の考え方で、2017年7月1日から実施に踏み切った。

これは余談だが、当初は寄付の金額にとくに条件は付けていなかった。しかし世の中にはいろいろな人がいるもので、制度の開始直後に「1円だけ寄付しても補助してもらえるのか」という問い合わせの電話がかかってきた。確かに理屈はそうなのだが、さすがにそれはおかしいだろうということで、急きょ「1万円以上」の条件を追加したという経緯がある。

それはともかく「ようこそ補助金」によって、飯舘村に寄付してもらう→必要なものをつくるために使う→交通費を半額補助して村の取り組みを見てもらう→村のよさに触れてさらに交流・応援をしてもらう――村と村を応援してくださる方々の間に、こうした〝プラスのループ〟が生まれることを期待している。

この「ようこそ補助金」は実施から7カ月間で、55人に約180万円を活用していただいている。

いまもなお寄せられる多くの善意が胸を打つ

原発事故の発生以降、ふるさと納税以外にも多くの方から善意の寄付をいただいている。本当にありがたく、ともすれば心が折れそうになる困難続きの毎日のなかで、尊い善意の気持ちは私の大きな支えになっている。

例えば、テレビのニュースを見たり新聞記事を読んだりして飯舘村のことを知り、年金のなかから500万円を村に寄付してくださった83歳の男性の方。

お礼の電話を差し上げたときに、「村には『いいたてっ子未来基金』という子どもたちのための基金がある。今回のありがたい善意のお気持ちを、避難生活で苦労している子どもたちのために使わせていただけないか」と話して了承をいただいた。

また、遺産相続でまとまったお金が入ったという80歳を超えたまったく見知らぬ女性の方も「飯舘村の村民のみなさんのために」と、500万円を寄付してくださった。

そのときも、いいたてっ子未来基金に使わせてもらおうと思って電話をしたが、ご本人の希望は、子どもたち限定の基金ではなく村民全体のために使ってほしいとのこと。そのため、ご希望に沿って活用させていただくことにした。

すると1週間後、同じその女性が、もう一度500万円を送ってくださり、合計で1000万円もの寄付をいただいた。「村民全員のために」と言った手前、500万円では足りないと考えられたのではないだろうか。

また、毎月5000円、1万円という形で、ずっと送り続けてくださる方もいる。なかには原発事故発生から6年間毎月という方も。またある会社は、毎月寄付金を送ってくださり、その額がすでに数千万円にもなっている。そのあたたかい思いに頭が下がる。

震災があったから、原発事故があったから、こうしたあたたかい善意に触れることができているとも言える。

この7年間、私は、苦境にあって改めて人のやさしさを知り、そこから分け合う心や思いやりの大切さを改めて学ばせてもらっているのだ。

人間、まだまだ捨てたものではない。原発事故への憤りや悔しさ以上に、私はいま、その思いを新たにしている。

子どもたちを信州の自然のなかへ――長野県松本市との交流

原発事故発生からほどない2011年5月14日。飯舘村に長野県松本市の菅谷昭市長が見えられた。福島市の保育園で講演をされ、そこから飯舘村にも足を延ばしてくださったのだ。

菅谷昭氏は現職の松本市長でありながら、四半世紀前に起きたチェルノブイリ原発事故の後、被災地のベラルーシにおいて甲状腺がんの子どもたちを治療した医師でもある。

大学助教授を辞めてベラルーシに単身で移住、帰国するまでの5年半で5000人以上を検診し約750例もの手術に立ち会ったという経験の持ち主だ。

松本市長にはチェルノブイリ原発事故で被ばくしながらも女医として成長された方も同行していた。

市長は医師としてのご自身の経験から、放射能災害ではまず子どもたちを数日間でもいいから避難させることが大切だという話をされた。

そしてその年の夏から、飯舘村の子どもたちを短期間、松本市に招いて放射線を気にせずに外で思い切り遊んでもらう事業を実施したいというご提案までいただいた。しかも費用は松本市が負担してくれるという。

全村避難になって以降、村内の3つの小学校は隣の川俣町の学校の空き教室を借りて授業を行っていた。そのため広いスペースの確保も難しく、被ばくを防ぐために教室の窓も開けず、外で伸び伸びと遊ぶこともままならないなど、制約の多い学校生活が続いている。

そんななか短期間であっても、キレイな空気の下で元気に遊ぶ機会をいただけるのは、子どもたちはもちろん、私たち大人にとっても非常にありがたいことだった。

村では菅谷市長の善意あふれる申し出をお受けすることに決め、夏と冬の年2回、「信州まつもとこどもキャンプ」として、小学校高学年の子どもたちを受け入れていただくことになった。

キャンプでは信州の自然のなかで地元の子どもたちと交流し、アウトドア体験や市内散策、松本市の教員の方々による学習指導などが行われる。松本市の関係者やボランティアの方々には毎回、大変お世話になっており、本当に感謝している。

避難指示の解除に伴って、この「こどもキャンプ」は昨年（2017年）冬までに380人ほどの招待をいただき、それをもって一旦終了となった。だがこの6年間にわたる松本市によるご支援は、飯舘村の子どもたちにとってかけがえのない経験になったはずだ。

こうした人とのつながり、地域同士のつながり、心のつながりを支えにして、私たちは復興への道を歩んでいくのだ。

感謝と善意の恩返し、それが飯舘村民の心意気――命のおにぎり

２０１４年2月15日。その日、福島市は朝から記録的な大雪となった。福島市松川町付近の国道4号では1メートル近く降り積もった雪で大渋滞。さらに降り続く雪で、とうとう動けなくなり何台ものトラックや乗用車が立ち往生してしまった。

激しく降り続く雪に、車外に出ることもままならず、車の列が動かないまま1日が過ぎてしまった。車中で丸1日を過ごし、夜を明かしたドライバーの多くは食べるものもなく、みな途方に暮れていたという。

そこへ、炊きたてのおにぎりが差し入れられた。差し入れをしたのは国道4号沿いの仮設住宅に住む飯舘村の人々だった。

前日から同じ車がまったく動かずに立ち往生していることに気づいた女性たちが、おにぎりの炊き出しをすることにしたのだ。

20人ほどの女性が集会所に集まり、原発事故の支援物資として届けられていた1斗5升の米を炊き、持ち寄ったノリや梅干しで約３００個のおにぎりをつくった。

さらに、おにぎりが冷めないようにと発泡スチロールの箱に入れ、積雪をかき分けて道路に向かうと、1台1台車の窓をノックしては、ひとりに1つずつおにぎりを渡して回った。

閉じ込められていたドライバーのなかには糖尿病の持病がある人もいて、「そのおにぎりで命が救われた」と感謝していたという。

——このエピソードは、のちに「命のおにぎり」のタイトルでメディアでも取り上げられた。

「震災後、私たちは数え切れないほど多くの人に助けられてきた。少しは恩返しができたようでうれしい。今回のことは私たちにとっても、明日からまたがんばろうという励みになった」

ドライバーたちの感謝の声を聞いた村民たちの言葉だ。何と素晴らしいことだろう。この話を聞いて、私は心から誇らしく思った。

放射能汚染でふるさとを追われ、いつ自分の家に帰れるかもわからない。家族がバラバラになった人もいれば、避難先で体調を崩してしまった人もいる。これからどう生きていけばいいのか。その見通しも立たない。

自分自身がそんな苦境に立たされているときに、それでも困っている人を放っておけない。力になりたい。何かの形で恩返しをしたい――。そんな村の人々のあたたかい心を思い、私は涙を抑えることができなかった。

この話は、広島の紙芝居作家の方によって『おたがいさま　命のおにぎり』という

届いた紙芝居『おたがいさま　命のおにぎり』と仮設住宅の方々

紙芝居になり、炊き出しをした仮設住宅の方々へ届けられたという。さらに、2018年度の小学6年生向け道徳の教科書に掲載されることも決まっている。

困っているときはおたがいさま。助け合うのはあたりまえのこと。救われたことに感謝し、その感謝の思いを広げていく。

これこそ、ずっと受け継がれてきた「までいの心」、飯舘村の心意気なのだ。その心意気を持った人たちがいる限り、この村は必ず復興する。そう信じている。

第4章

思い、考え、国を、人を動かす
——すべては村と村民のため

バランス感覚が活路を開いた避難指示区域の見直しと賠償

2012年4月。政府は、福島第一原発事故収束への重要行程である「冷温停止」を完了したとして、避難住民の帰還と地域の復興再生を進めるために、避難指示区域の見直しを行うことを決める。

実は2011年12月頃から、村には「避難指示区域を3つに再編したいが、どうだろうか」と国からの打診があった。そしてそれを受けて2012年6月15日、飯舘村はそれまでの計画避難区域から「帰還困難区域」「居住制限区域」「避難指示解除準備区域」の3つに再編されることになる。

当時、村の業務は福島市飯野町の飯野支所内に移転した「飯舘村役場飯野出張所」で行っていたのだが、そこで区域見直しの通達を受けた私を悩ませたのは「村をどのように区分けするか」だった。

前述したように飯舘村では20の行政区による地区別計画を土台とした地区づくりを採用してきた。それによって育まれた各行政区の自主性や結びつきが現在の飯舘村の基盤となっていることには自負もある。

私の懸念は、村を被ばく線量だけで３つに区分けすると、分断される行政区ができてしまうことにあった。例えば、「帰還困難区域」と「居住制限区域」が混在する、「居住制限区域」と「避難指示解除準備区域」が混在する行政区が現れるということだ。

つまり、これまで力を合わせてきた隣近所が「早く帰れるところ」と「すぐには帰れないところ」に分断されてしまうのである。

そうなると、地域コミュニティを維持しながらの復興はほぼ不可能になるのは明白だった。

悩んだ末に私は、村の避難指示区域見直しも20の行政区単位で行うことに決め、その旨を政府に伝えた。そして、村内の20行政区は次のように区分けされたのである。

○帰還困難区域：長泥

○居住制限区域：草野、深谷、伊丹沢、関沢、小宮、宮内、飯樋町、前田・八和木、大久保・外内、上飯樋、比曽、蕨平、関根・松塚、臼石、

前田の15行政区

○避難指示解除準備区域：八木沢・芦原、大倉、佐須、二枚橋・須萱の4行政区

さらに、行政区単位での区分けにはもうひとつ、賠償金の問題があった。

今回の原発事故で東京電力から避難者に支払われる〝精神的損害への賠償〟は1人あたり月額10万円。それを3カ月ごとに受け取るというものだった。

この方式は避難指示が出されたすべての区域に同一に適用され、飯舘村も例にもれず、すべての村民に対して同一方式で賠償金が支払われていた。

だが、今回の避難指示区域の見直しに伴って、賠償金の支払い方式にも新基準が設定されることになった。従来の全区域同一での3カ月ごとの支払いから、避難指示区域に応じで1～6年分が一括で支払われる方式になったのである。

区域別の標準的な金額は次のとおりだ。

○避難指示解除準備区域：1人あたり月10万円を、3カ月ごとに支払い

飯舘村の避難指示区域見直し図

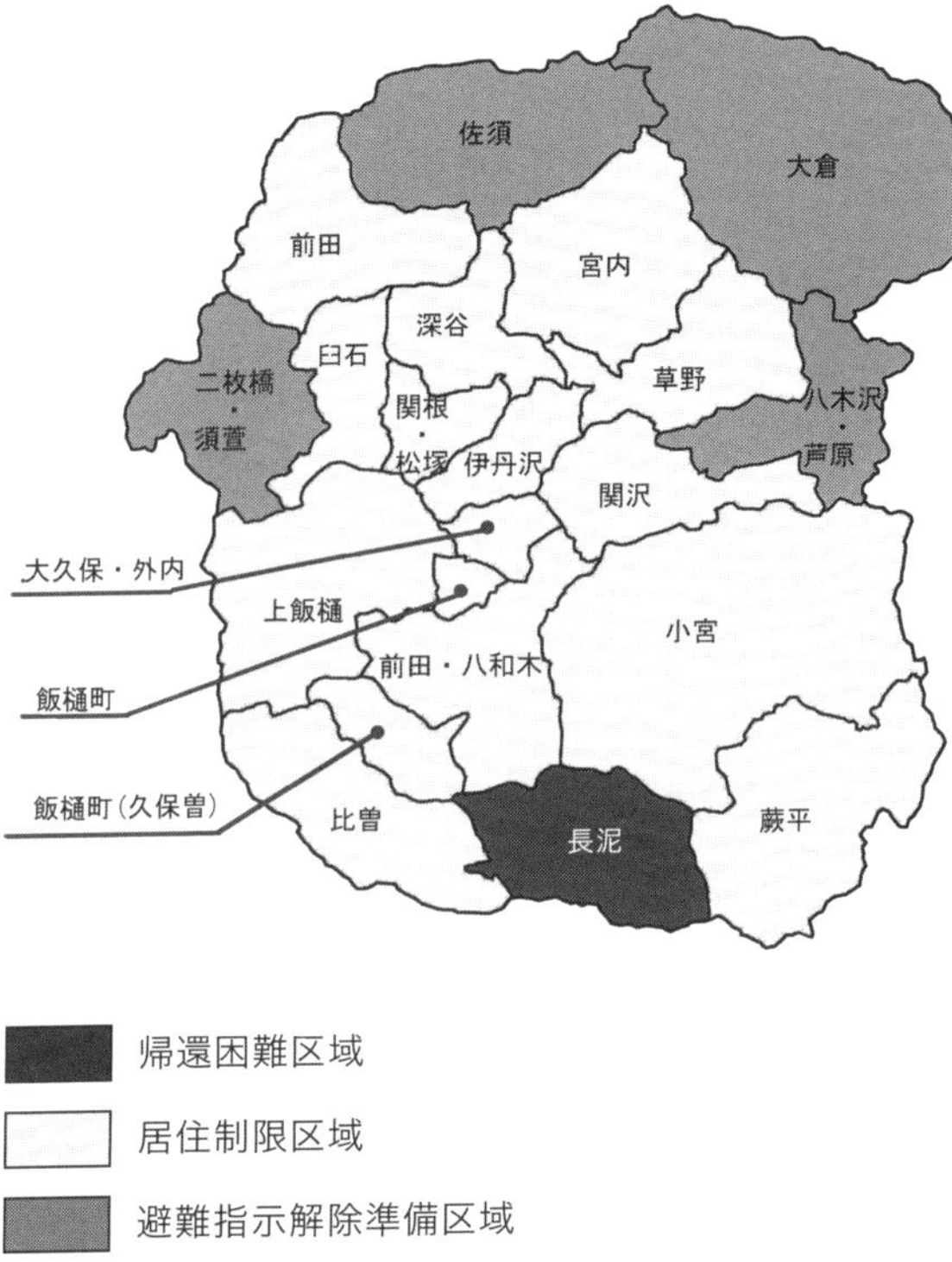

○居住制限区域：１人あたり月10万円を、３年分一括支払い
○帰還困難区域：１人あたり月10万円を、６年分一括支払い

問題というのは、行政区単位で区分けした場合、避難指示区域がまたがっている行政区では、どちらの区域に指定されるかで、受け取れる賠償金が違ってくることにある。

長泥行政区は全体が帰還困難区域に指定されたが、区域が重複している行政区は、どちらか一方に統一する必要があった。

そこで私は、例えば「帰還困難区域」と「居住制限区域」が混在する行政区の場合、避難区域が重複した場合、該当する世帯が多いほうの区域に統一するという基準を設けることにした。

例えば、10軒が避難指示解除準備区域、３軒が居住制限区域というA行政区の場合は、避難指示解除準備区域。10軒が居住制限区域で３軒が避難指示解除準備区域のところは居住制限区域――つまり、〝多いほうに合わせる〟考え方だ。

区域がまたがる行政区がさほど多くなかったこともあり、「居住制限区域」と「避難

指示解除準備区域」が混在する行政区では、この形で多くの村民に納得していただいた。

だが、「帰還困難区域」と「居住制限区域」が混在する行政区のいくつかからは不満の声も上がってきた。帰還困難区域に入っている家が3〜4軒ある。だから、ここは帰還困難区域にしてくれと。

どの区域に指定されるかによって受け取る賠償金に大きな違いがあることなど事情もわかる。だが、そこだけ例外にすると「それならウチも」となって収拾がつかなくなる。うまく収めるにはどうすればいいか——。

考え抜いた末にたどり着いたのが、国と交渉して一括支払いの方法に、もうひとつ「5年分」という項目を追加してもらうという方法だった。

3年分があって6年分があるなら、4年分や5年分があったっていいのではないか。国が決めた支払い方法に則るなら例外にもならないだろうと。

それを国に認めてもらい、最終的に「帰還困難区域を含んでいる行政区の賠償金は5年分を一括支払い」というルールを適用することで、揉めていた行政区にも納得してもらうことができた。言ってみれば「中を取る」という発想だ。

また村役場は「居住制限区域」にあるため、役場が戻らないのに「避難指示解除準備区域だけ早く帰れ」とは言えない。そのため「居住制限区域」と「避難指示解除準備区域」は同じ条件にさせた。このとき「ぜひ、帰還困難区域に」と要望した3つの行政区があった。だがそのまま「帰還困難区域」になっていたら、長泥地区と同じように、現在も何も進まない状況が続いていたはずである。もう当時のことはほとんど忘れているであろうが。

国が決めたことだから。例外はないから。前例がないから。——そうしたことに固執せず、知恵を絞って〝決め事のすき間〟に解決策を探す。

避難指示区域の見直しにまつわる住民と国との一連の交渉は、私自身にとっても、何事も柔軟に考えることに活路があると改めて気づかされた経験になった。

賠償と買収、ダブルでOK。村民の生活の安定があってこその復興

賠償金には先に述べた精神的損害への賠償のほかにも、建物や土地などの財物に関わ

る賠償などがある。

例えば、避難指示区域内にあった宅地や建物、田畑などについては、避難指示期間中に生じた市場価値の減少分の賠償金が、持ち主に支払われている。

そして最近では避難指示の解除にあわせるように、村のあちこちに復興のための公共施設をつくる計画が進んでいる。そのため、村民に「そのための土地を売ってほしい」と買収の交渉をする機会が多くなってきた。

ところが、ここにもまた問題があった。

国のルールとして、賠償の対象になっていて、持ち主がすでに賠償金を受け取っている土地を公共事業で買収する場合、売値は土地の価格から賠償金額を差し引いた額とするという決まりがあるそうだ。

例えば、100万円の賠償金を受け取っている土地に200万円の値がついた場合、その土地を公共事業のために売ると、持ち主は200万円－100万円＝100万円しか受け取れないことになる。

つまり、同じ土地から「賠償金」と「買収による収入」をダブルでもらうのはダメという決まりなのだ。

国の理屈もわからないではないが、さすがにこれでは復興のための買収が進まないと私も感じていた。県の担当者に聞いても意見は同じで、県から国にもこのルールの撤廃を進言しているが、なかなか声が届かないという。そこで
「ここはひとつ、村長からお願いしてもらえませんか。県が言うより地元の声や現場の声のほうが強いですから」

と頼まれたこともあって、国（賠償については経済産業省）との交渉の場で私が話をすることになった。

そんな四角四面な縛りにこだわっていたら、復興のために協力しようという住民の気持ちも湧いてこないだろう。村民が経済的な不安を抱えたままでは、ふるさとの再生も立ち往生してしまう。ここはもっと柔軟に考えるべきだろうと。

県職員の人の読みは正しかったようで、やはり、いままさに復興に向けて立ち上がろうとしている最前線の人間の声には説得力があったらしい。

その交渉からあまり間をおかずに、「今回に限っては、公の復興のためならば、賠償

金も買収金もダブルで受け取ってＯＫ」というお達しがあった。

このルールは当然、飯舘村だけでなく、ほかの市町村にも適用される。声を上げたことで、国が特例を認めてくれたのである。大臣にも国家公務員のなかにも、真剣に考えてくれる人はいるのだ。


この賠償と買収の重複が認められなければ、第7章でも触れる『いいたてむらの道の駅　までい館』の建設も実現できなかったかもしれない。

道の駅がある場所は、村でも一等地中の一等地。その田畑を村が買い取って建てられている。通常ならば持ち主たちが手放すはずもなく、村が「道の駅をつくりたいから、そこの土地を売ってくれ」などと言おうものなら、一斉に大反対にあって、場合によってはリコールされてしまったかもしれない。それほどに条件のいい場所なのだ。

だが村はいま、存続さえ危ぶまれるほどの緊急事態に瀕している。だからこそ、持ち主の方々も、村を挙げて復興に向かうシンボルとなる施設をつくりたいという私たちの熱意を理解して〝一等地〟を手放す決断をしてくれたのだと思う。

そして賠償も買収も両方受け取れるという特例も、経済的なメリットという面で後押しになったのではないだろうか。

立場を超えて前向きに、本音で粘り強く。そんな腹を割った交渉で国を動かし、村の人たちを動かしていくこと。それが私のもっとも大事な仕事なのだと思う。

村外の人が泊まると補助金返還!? お役人的発想に物申す

飯舘村には自然体験学習の実習室や研修室と宿泊・入浴施設、レストランなどを備え、「きこり」と名付けられた宿泊施設がある。

前年から入浴施設の運営のみ再開していたのだが、避難指示解除によって帰村準備での宿泊需要が高まることもあって、2017年5月8日、実に6年振りに宿泊業務も再開することになった。

当面は素泊まりのみだが、食事を持ち込んで、足を伸ばしてゆっくり風呂に浸かり、酒でも飲みながらそのまま泊まれる〝馴染みの憩いの場〟の再開は、村民にとって帰村への大きな足掛かりになるだろう。

今回の東日本大震災によって天井が落ちたり壁が崩れたりといった被害が出たため、「きこり」再開にあたっては国の補助を得て約２億円をかけた補修とリフォームを行っている。

ただ私が気になったのは、国によって「宿泊、入浴ともに利用できるのは村民のみ」という制約がつけられていたことだ。

村民が帰村準備で一時宿泊するための施設という名目で補助金を出している。だから利用できるのは村民だけ。村外の人が利用するのなら補助金は返還してもらう——というのが、このときの国側の言い分だった。

何と四角四面な、何とお役所的な理屈だろうか。そもそも村民は自分の家があるのだから宿泊する機会は限られる。ならば村外の人たちにも開放して情報発信してもらうほうが村の復興には役立つことなど明白だろう。

私も行政に関わっている者のひとりとして、村民のための復興予算という理屈もわからないわけではないが、少し考えればすぐに気づくことではないか。しかし、それが現場のお役人にはなかなか通じない。担当の村職員も口をそろえて「おかしいですよ。でも決まりだからの一点張りで埒《らち》が明かない」と嘆いていた。

となれば、もう私が話すしかない。現場のお役人にいくら言っても〝暖簾に腕押し〟ということで、復興大臣に直接お願い申し上げることにした。

ちょうど吉野正芳氏が復興大臣に就任した直後で、ご挨拶の際に、直訴させていただいた。

「きこり」再開の目的は帰村の促進だけではない。村外から来た人たちの活動拠点を確保することも復興のひとつなのだ。村外の人を泊めたら補助金返還など、どう考えてもおかしい理屈だろう——。

大臣も「いや、まったく、そのとおりですね」とご理解くださり、いくつかの条件付きではあったが、村外の人の利用はすぐにOKになった。

しかし、それにしてももう少し柔らかい発想ができないものか。いかにもお役人的な融通の利かなさ、柔軟性のなさに驚くより呆れた出来事ではあった。

実際のところ、「きこり」のこれまでの宿泊利用者は1500人ほどだが、そのうち村民は２００人程度なのである。

　復興に向けてのこの7年間、どれだけこうした理不尽と向き合わされ、それを改めてきたかわからない。しかしこれも私の仕事なのだ。

　もちろん現在も、宿泊体験施設「きこり」はどなたでも利用できる。飯舘村にお越しの際には、ぜひ利用していただきたい。

〝屁理屈〟にも一理あり。国の英断で実現した昇口舗装事業

　さまざまな形で行ってきた国との交渉では、四角四面の〝お役所的な〟対応に辟易したことも多い。だがその一方で、交渉相手である国の担当者の柔軟な発想や英断に救われたことも数多くあるのだ。

　いま、村内を回っていると昇口（公道から自宅までの引き込み道路）がきれいに舗装整備された家を数多く見かける。それも簡易舗装ではなく厚くアスファルトを敷いた本格的な舗装だ。

多くの家がここまで本格的な舗装をすることができたのは、２０１４年から始まった昇口舗装事業によるものだ。これは、昇口の舗装工事をする際にかかる費用の８割を村が負担するというもの。

なぜ、ここまで本格的な舗装工事を個人負担わずか２割で行うことができるのか。これもまた、国と村との粘り強い交渉の産物なのである。

この今回の放射能災害によって村内では放射性物質の除染が不可欠になった。一般的な除染は、宅地や田畑の除染は表面の土を５㎝の深さまで削り取り、代わりに新しい土を入れる。舗装されていない道路の除染は、やはり表土を５㎝削り取って、代わりに砂利を敷き詰めるという方法で行われる。

公道から自宅への引き込み道路である各戸の昇口はその多くが未舗装だ。そこで私は、「除染で昇口に砂利を敷くとすれば、簡易舗装ができるのではないか」と考えた。

その発想の裏には、長きにわたる避難生活を強いられ、これからも継続する苦労に向き合わざるを得ない村民のために、少しでも「よかった」「ありがたい」という実感の持てる事業ができないものか、という思いをいつも持っていた。

災害に遭ってしまった以上、後ろばかり見ていても何も進まない。前を見て、困難からプラスを見出していくことが大事というのが私の復興に対する信条だ。

ならば除染を機に、少ない負担で昇口が舗装できれば――。この事業は私の村への思いを実践に移した取り組みでもあったのだ。

当初、昇口の舗装にかかる費用は、村が5割を出し、残りの5割は当人が自己負担して自分で業者に依頼するという内容で進めるように考えていた。そこで村が負担す

民家の舗装の様子

る約1億5000万円を復興予算から捻出してもらえないか、国に提案と交渉を試みたのである。

根本匠復興大臣（当時）もいろいろと検討してはくれたのだが、国の答えは一貫して「個人の資産形成に税金を使うことは一切できません」というものだった。

確かにそのとおり。まったくもって正論だ。

周囲からも「村長、あきらめましょう。四角四面ではあるけれど、国の言うことは正論なのだから無理ですよ」と言われた。

だが、あきらめたくなかった。正論ではあるけれど、いまは普通のときではない。村は尋常ではない状況に置かれている。そんななか、村に戻るためにがんばっている村民たちを何とか応援してはもらえないか。すべてをまかなうとは言っていない。村民も自己負担するのだから何とかならないか。私は国との交渉を続けた。

そして「何とかならないか」「いや難しい」というやりとりが1年ほど続き、さすがの私も内心では「やはり無理かな」と思いかけていた矢先に国の側から私にある提案がなされた。それは、

「その家の住民だけでなく郵便配達員も使用すると考えれば、昇口は公共性の高い生活道路とも言える。それゆえ、村が事業主体になって村道として舗装工事をするのならば補助金を出しましょう」

というものだった。つまり、個人が業者に依頼するのはダメだが、村道として村が工事を発注するならOKということだ。

なんとありがたい国の英断であろうか。「郵便配達員も使う」という理由は、理屈というより〝屁理屈〟に近い。だが、その屁理屈による進む道を、村からではなく国が提案してくれたことに大きな意義があったと、私は思っている。

国の英断もあって昇口舗装には補助金がついた。村道としての舗装は事業費が倍以上になる。村民の自己負担なしで工事費用のすべてを補助金でまかなうことも可能になった。だが私は、村が負担する（補助金から出す）のは舗装工事費用の8割とし、残りの2割は個人負担にすることに決めた。

本当はゼロでもいいのだけれど、そこまで甘えず、自分で出せる分は出す――この村の復興に欠かせない「自主自立の姿勢」を失いたくなかったのだ。

昇口舗装事業は受付開始当初から希望者が続出、現在では約６００戸で昇口舗装が進められている。表土を30㎝の深さまで削り取って砂利を敷き詰め、その上から４㎝の厚さでアスファルトを敷く。こうした本格的な舗装が高い除染効果をもたらすことになる。苦しい避難生活で自宅の維持にも苦労している村民への、いくばくかの私からのそして国からのサポート事業となっている。

この事業は「村長の熱意と粘り強い交渉が実を結んだ結果だ」と言ってくださる方もいる。だが、決してそれだけではない。

正論と規則がすべての四角四面な人には何を言っても伝わらない。

だが、国の側にも同じ立場になって復興のために心を砕いてくれる人がいた。こちらが挙げた声を「決まりだから」と拒絶するのではなく、立場を超えて一緒に知恵を絞り、〝屁理屈のウルトラＣ〟のような正論を探ってくれる人がいた。そのおかげでこの事業は実現できたのである。

見守り隊のパトロールがきっかけで、特別宿泊がＯＫに

計画的避難区域に指定されて間もない2011年6月、私は「いいたて全村見守り隊」を発足させた。この事業も「空になった村を守るのは村民で」と国を説得した結果、実現したものだ。

県の緊急雇用創出事業によって雇用された村民約400人（現在は80人）が20の行政区ごとに個別部隊を結成して、それぞれの地区を巡視する。避難後の村の安全と安心を守りつつ、同時に収入が途絶えた村民の臨時的な雇用も生み出すための制度だ。

実は、この見守り隊の活動がきっかけとなって国が動き、それまでのルールが変わったという事例もある。

そもそも見守り隊は、村民以外でも立ち入り可能な避難区域を盗難などのリスクから守るために立ち上げた組織だ。ところが、次第に空き巣やドロボーではなく、〝不正に宿泊している村民〟を取り締まらなければならない状況に出くわすケースが生まれてしまった。

2012年7月の避難指示区域見直しによって飯舘村は3つに区分けされたのは前述したとおりだ。

唯一の帰還困難区域である長泥行政区は現在も立ち入りが禁止されている。

一方、居住制限区域と避難指示解除準備区域に該当する行政区では、一時的な帰宅や立ち入りは可能だが、ここでも宿泊は許可されていない。

しかしなかには「たまには家に泊まりたい」といって一時帰宅してそのまま暗くなる前に家の灯りを消して〝こっそり〟と泊ってしまう村民もいた。

見守り隊の人たちはそんな〝隠れ宿泊者〟を取り締まる立場にある。わが家に泊まりたい気持ちはわかっていても「帰ってください」と言わなければならない。

また、見守り隊の人が「自分だって泊まりたいのを我慢している。なのにあの家だけ規則を破って泊まるのはおかしい」「賠償金をもらいながら泊まりに来るのは間違っている」といった気持ちになることもあるだろう。

このまま、いつまでも自宅に泊まることもできない状況が続けば、村民同士の関係がギクシャクしてしまう恐れは十分にあった。それでは村のコミュニティを維持しながらの復興などできない。

そのことを危惧した私は、当時の経済産業省の赤羽一嘉副大臣に直訴。「宿泊はすべて禁止」ではなく、状況に応じて堂々と自宅に宿泊できるような方法を考えるべきではないかと訴えたのだ。

赤羽副大臣にはとても真摯に対応していただいた。その結果、２０１２年12月から希望する市町村については居住制限区域と避難指示解除準備区域において、特例的に短期間の宿泊を認める「特例宿泊制度」が実施されることになった。

この制度は他の自治体にも広がり、後に年末年始だけでなくお盆やゴールデンウィークなどでも堂々と自宅に宿泊・滞在することが可能になったのだ。

特例宿泊制度が実施されてすぐの２０１３年の正月、飯舘村に様子を見に来られた赤羽副大臣が、わが家にも顔を見せてくださった。

「家で迎える正月はいいですね」――いっしょに雑煮を食べながら思わずそんな言葉が口をついて出たことを覚えている。

自分の家で家族と正月を迎える。お盆を迎える。連休を過ごす。特例宿泊は、その後

6年近くにもわたった長く先の見えない避難生活に、ひとときの安らぎと希望をもたらしてくれた。

私の訴えを誠実に受け止め、迅速に協議・対応してくださった赤羽元経済産業副大臣にはいまも感謝している。

この制度は後に、避難指示解除にあたっての「準備宿泊制度」になり、飯舘村ならではの「長期宿泊制度」へと拡大していくことになる。

「おかえりなさい」「いってらっしゃい」に感謝の気持ちを込めて

後の話になるが、国の提案に助けられたということでは、こんな話もある。

2017年3月31日、避難指示が解除されたタイミングで、私にはどうしてもやりたいことがあった。川俣町から南相馬市へ通じている幹線道路の村の出入口に看板を立てたかったのだ。

避難指示解除の日を迎えることができたのは、実に多くの方々からの支援があったたからこそ。どうしても感謝の言葉を表したかったのである。

そこで国に復興予算を組んでもらい、川俣町、南相馬市との境界の入り口側には「おかえりなさい　首を長くして待っていたよ」と、出口側には「いってらっしゃい　必ず帰ってきてね」と書いた看板を設置。看板には現在の放射線量を測定・表示するモニタリングポスト（線量計）も取り付けた。

実はこのときも福島復興局の担当の方による〝抜け道〟のアドバイスに助けられている。

当然、看板には「感謝の言葉」を書こうと考えていた。だが、「感謝の言葉を述べるなら自分たちでやるのが筋ですから予算は組めません」とのこと。まったくそのとおりだ。では、村でどのくらいの支出が可能か、再度検討しようと思っていたところ、福島復興局の方から、

「『おかえりなさい』という言葉なら、これから帰村する村民やようやく帰村できた村民に向けた言葉になる。それなら復興に関する看板として予算を組むことができますが――」

そっと、そう教えてくれた。そこでその進言を活かして、前述のような看板を制作したのである。

もちろん「おかえりなさい」と「いってらっしゃい」のどちらにも、支援・応援への感謝の気持ちは込められている。だが、「ありがとう」を使用しなかったことで、看板の制作資金約１６００万円も国が負担してくれることに。これも国の福島復興局の方が、私たちの立場に立って柔軟に考えてくれたおかげだった。

苦境にあってこそ〝までい〟の心を。仮設焼却施設を引き受けた理由

飯舘村はこれまで「までいの精神」「までいライフ」を村づくりの基本理念にしてきた。「までい」とは福島県地方の方言で、左右そろった手、両手を意味する「真手《まで》」がなまった表現。そこから「大切に」「ていねいに」「手間暇惜しまず」「心を込めて」「つつましく」「じっくりと」といった意味になった。

さらに、そこには「心に余裕をもって」「相手を思いやる」「おたがいさま」といった心の在り方も含まれていると、私は解釈している。

そして、人々の心に培われてきた「までいの精神」こそ、この村の誇りであり、苦境にあるからこそ、その誇りを忘れてはいけない。そう思っている。

村内には現在もあちこちに、除染で出た汚染土や落ち葉、枯れ木などを入れた大きな黒い袋（フレコンバッグ）が積まれている。その数、およそ２３０万個。想像を絶する天文学的な数だ。

そのフレコンバッグのなかの可燃物を焼却処分するために、２０１５年11月、飯舘村の蕨平行政区に巨大な仮設焼却施設（減容化施設）が完成し、稼働している。

焼却施設については前年の２０１４年に、村内に3基の中型仮設焼却炉をつくりたいと国に要望を出していた。だがいざとなると「やはり他のところで――」となり、なかなか建設場所を選定できず、最終的には小宮行政区に1基だけ、もともと地元の焼却炉があった場所に建設することになった。小宮の方々は以前からゴミ焼却について前向きに考えてくれていることもあって了解が取れたのだ。

しかしそこだけでは天文学的な量の除染ごみの焼却が追いつくはずもない。

そんな経緯もあって国（環境省）は、飯舘村の蕨平地区に総工費450億円をかけて、1日あたり240トンの除染ごみを処理できる大規模な仮設焼却施設を建設することにしたのだ。

その規模もさることながら、それ以上にこの焼却施設が特別なのは、飯舘村で出た除染ごみだけを処理するのではないという点だ。240トンのうちの3分の1は、周辺の5つの自治体（福島市、南相馬市、伊達町、国見町、川俣町）の汚泥や農業廃棄物も受け入れて処理している。除染ごみを含む廃棄物を地元地域だけでなく広域的に集めて処理する施設だということだ。

国から「周辺自治体の汚泥や除染廃棄物も」と言われたら、普通なら「どうしてよその町のごみまで受け入れなければならないのか」と考えるだろう。

しかしそのとき私は思った「もしかしたらこれはいい話かもしれない」と。

小宮地区に建てられた家内ゴミの焼却炉

放射能に汚染された大量の廃棄物の処理をどうするかは緊急かつ重大な問題になっている。本音を言えば、こうした焼却施設は〝迷惑〟以外の何ものでもない。だが、汚染廃棄物を減らすためには必要不可欠なものであり、どこかの地域が、どこかの人たちが受け入れなくてはならないのもまた事実だ。

ならば、ここはウチが引き受けようじゃないかと。

考えてみれば周辺の5つの自治体には、いずれも避難先として飯舘村の人々を受け入れてもらっている。どの自治体もみな、私たちの前の、その前の世代からお互いに助け合ってやってきた隣人であり、仲間なのだ。

かつては深刻な冷害に悩まされたこともあった。自治体にまたがる大きな火災もあった。いくつもの災害や困難を、みんなで力を合わせて乗り越えてきた。困ったときはおたがいさま――それが飯舘村の誇りである「までいの精神」ではなかったか。

避難ではお世話になっているけれど、困りごとはお断り。このようなことは飯舘村がとるべき道ではない。そう決意した私は、この焼却施設の建設を引き受けるために、村民の方々を半年かけて説得した。

いろいろな思いもあるだろうが、私の説得を受け入れて建設を了承してくれた蕨平地区の人たちの理解と決断は本当にありがたく、そして誇りに思っている。

大雪の被害をサポートしてくれた〝おたがいさま〟へのご褒美

蕨平地区の仮設焼却施設の建設と周辺自治体の除染ごみ受け入れをＯＫしたこと。これがまた、村にとって大きなプラスに働いたことがある。

飯舘村は東北の山間部に位置するものの近年、冬の積雪量はさほど多くない。だが、２０１４年2月。そんな村に大雪が降った。全村避難中の村を覆い尽くした雪は水分を含んで重たくなっており、あちこちで納屋や小屋などが倒壊する被害が出た。

倒壊の被害も大変なのだが、それ以上に問題になったのは、雪とともに倒壊した建物の放射性物質の除染作業だった。

排水の問題もあって水洗いはできない。倒壊しているから拭き取りによる除染も大変だ。除染はとても難しかった。

実は、津波で半壊、地震で半壊になった家屋の解体撤去は国の予算で行うことが決まっている。だが、雪による家屋の倒壊、半壊の解体撤去は、国の予算が適用されない。撤去するなら自前でやらなければならなかった。

そもそも飯舘村の場合、放射能被害は甚大だが、津波の被害はなく、地震による建物の半壊被害もほぼなかったために、最初から適用外だったのだ。

ところが今回、大雪によって生じた解体撤去に関する費用は国が負担してくれることになった。つまり津波や地震でのケースが特別に適用されたのである。

その理由が、焼却施設にあった。

焼却施設を持っている飯舘村ならば、村内で解体したがれきなどの廃棄物を、それこそ自前で焼却処分できるという大きなメリットがあったからだ。

また、もしかしたら、蕨平地区の仮設焼却施設では周辺の自治体の除染ごみも引き受けてもらっているのだから、という〝忖度〟があったのかもしれない。

いずれにせよ、村内の約1300戸、建物にして約4500棟が国の予算によって解体撤去され、そこで出た廃材は蕨平の焼却施設で燃やすことになった。

自前でやれば1棟解体するだけでも何百万円とかかる。それが4500棟にもなればかかる費用は膨大だ。それを国がすべて負担してくれることになったのだ。

これは仮設焼却施設を引き受けたことで、大雪の被害があったことで、実現したとも言える。「おたがいさまの心」がもたらしたご褒美だったのかもしれない。

除去土壌の再利用事業で、長泥地区復興への道を拓く

ようやく避難指示が解除された飯舘村だが、20行政区のうち1つだけいまだ帰宅困難区域の指定が継続している地区がある。長泥行政区だ。

村のなかでも山間部に位置する長泥行政区は、除染やインフラ整備などが一切なされず、地区に入るのにはバリケードを開けてもらわなければならないという現実がある。

それゆえ「自分たちだけ村に帰れない」「長泥だけ見放されるのではないか」といった地区住民の不安や憤りも痛いほど理解できる。

今後、この地区の除染と環境整備をどのように進めていくか。これは村にとって大きな課題なのだ。

そこで私は長泥行政区の再生・復興への第一歩として、国（環境省）が取り組んでいるある事業に手を挙げた。

その事業とは、村内で保管している除染土の線量を計って分別し、安全性が確認された除染土を再利用するというもの。線量の高い土は中間貯蔵施設に保管し、線量が1kg当たり5000ベクレル以下の土を花卉栽培用の農地造成などに転用・再利用するのである。

村内に積まれた大量のフレコンバッグが村民の不安や生活の妨げになっており、その早期搬出も目下の課題のひとつだ。

フレコンバッグのなかの除染廃棄物のうち、蕨平の仮設焼却施設で燃やせる可燃物は約3割。残りの7割が除染によって生じた土（除染土）である。

除染土は双葉町と大熊町にある中間貯蔵施設に運び込まれるのだが、その膨大な量ゆえにとてもキャパシティが追いつかない。このままでは、行き場のない除染土が村内に長期に置かれることになってしまう。

環境省は、２０１６年から南相馬市で除染土の再利用実験を行い、造成盛り土の一部に除染土を使用しても周辺の空間放射線量は変わらず、再利用の安全性を一定程度確認できたという結果を得た。

そして、その結果を受けて今回、飯舘村の長泥行政区において、除染土の再利用を実際の事業として取り組むことにしたのである。

これによって、村内のフレコンバッグ早期撤去と、これまでまったく進まずにいた長泥行政区の除染や環境整備の飛躍的な進展が期待できる。

とはいえ、こんな事業に取り組むなどと言い出せば当然、「そんな危険なことを」「なぜ長泥で受けなければいけないのか」「断るのが当然。自分から手を挙げるなどもってのほかだ」といった声も上がってくる。

実際のところ環境省も復興庁も、地元の了承が得られるか、大きな混乱が起きないかを心配していたようだ。

だが、もちろん長泥の行政区長をはじめ住民の方々とは腹を割って話し合い、説得し、地区総会で了承を得た上で決めたこと。放射線に対する不安を取り除くための十分な対策、安全性の確実な確保についても十分に時間をかけて根回しし、私の意図、村の考え方を伝えてきた。

本音の本音を言えば、こうした汚染土壌の再利用など、原発の恩恵をいちばん受けている東京の真ん中で行えばいいだろう、といった思いにとらわれることもある。

だがいまは、現実味のない建前論や理想論、憤りに任せた感情論を振り回しているときではない。

いまできることを前向きに、踏み出せる一歩を少しずつ。それがゼロからのスタートというより、ゼロに向かってのスタートであり、復興の進む道なのだ。

復興は「被害者と加害者」の立場を超えた先に

普通ではない状況下では、正論だけでなく柔軟に、臨機応変に、避難現場で実際に起きている現実に沿った対応をしてほしい。私はこの避難生活のなか、国にずっとこう言い続けてきた。

向こう側からすれば、「また飯舘村の菅野か」と思っていた人もいただろうことは想像に難くない。

だが、私は6000人を超える村民の今日の生活に、明日からの暮らしに、そしてこの村の未来に対して、果たさなければならない責任がある。

私はこれまでも、国や東京電力とは、被害者と加害者の立場の違いは脇に置いておいて、復興については「対等」な立場に立って、話し合い、提案し、モノを言ってきたつもりだ。

国や東電の事情や言い分も最初から撥ねつけずに耳を傾けながら、一方でそれ以上にこちらの事情も汲んでもらう。この7年間、一貫してこのスタンスで国や東電と向き合ってきた。

相手の言い分に耳を傾けたことで「村長は国の手先か」という批判を浴びたことも1度や2度ではない。だが、未来へ向けた村の復興やこれからの村民の暮らしのことを最優先に考えれば、もう被害者意識だけでは解決できなくなっている。

「オレたちは被害者なんだから」と愚痴を言い続けていれば、国や東電を糾弾し続けていれば、原発事故前の美しい村に元に戻るというのなら、私だってそうするだろう。だが、現実はそうではないのだ。

「被害者が求めている100点満点の満額回答でなければ話にならない」では、この先の復興は進まない。

ならば100点は無理でも、70点に、75点にならないかというようにベターな決着を目指す。こうしたバランス感覚が必要とされるのだ。

確かに直接国や東電と交渉していると温度差や物足りなさを感じることはある。だが、国や東電だって村を、福島を、東北を復興させたいと思っている。当然、私たちもそう願っている。向かう方向は同じなのだ。

国や東電の責任は責任として存在する。当然だ。だが、だからといって、ただ被害者だ加害者だと火花を散らすのではなく、立場的な制約があったとしてもお互いに立場を理解し合い、柔軟に対峙し合い、提案し合って復興への道を歩んでいくべきではないだろうか。

周囲から手厳しい非難があろうと、すべては村と村の人たちのため。私はこれからも「加害者と被害者」を超えた立場で、復興に取り組んでいくつもりだ。

マイナスからプラスを見出す
――前に進むためにできる「何か」を探す

日本人のいいところは潔癖な性格だろう。ただ、それゆえに日本では、何か問題が起こると「白か黒か」の判断に陥りがちだ。しかし必ずしもそれが最適な解答とは限らない。

物事にはすべてプラス面とマイナス面がある。白と黒、プラスとマイナスの間のグレーゾーンにもっとも現実的な答えがあることもある。大切なのは、一方だけに固執するのではなく、バランス感覚を持って総合的に考えることなのだ。

原発事故が起きたのは3月11日。役場や学校では年度の変わり目を控え、農家では作業の準備が始まる、1年でいちばん忙しい時期だ。当初の私は、よりによってどうして年度末でいちばん忙しいこの時期に、こんな災害が起きるんだと恨めしく思っていた。発生時期がもう少し違っていたら、もっと違った対応ができたのではないかと。

だが、半年ほど過ぎて全村避難の目処が立った頃には考え方が変わった。災害が起きたのが3月のあの時期でよかった。不幸中の幸いだったと思うようになったのだ。

なぜそう思えたのか。それこそバランス感覚だった。

畜産業で言えば、事故当時、村で飼育されていた約2500頭の飯舘牛はほとんどが売却できたため損害も小さくて済んでいる。なぜ売れたのか。それは3月の段階ではまだ牛たちに「越冬飼料」を食べさせていたからだ。このとき、もし屋外に生えている青草を食べさせている時期なら放射能の影響ですべて出荷停止、廃棄処分だったはずだ。

稲作では、その時期はまだ田植え前で、種もみをうるかしている（水に浸けて水分を吸わせる）段階で作業を止めることができた。これが手をかけてお金をかけて成長してからでは、大きな損害になっていたはずだし、処分するにも大変だっただろう。

子どもたちの学校問題に関してもそうだ。仮設校舎ができるまでは隣町の学校の教室を間借りすることになるのだが（詳細は後述）、子どもたちが春休みだったために教室の確保や移動もスムーズに行えた。

さらに2011年は、小学校の大規模改修や農産物の加工施設や村営住宅建設など大型の公共事業が目白押しだったが、これも着工前に中止できた。もし工事が進んでからの中止では賠償問題にまで発展していたかもしれない。

物事にはプラスとマイナスがある。考え方を変えれば、見方を変えれば、その状況は逆転することもある。まったく違ったものが見えてくる。

こうした事故や災害ではどうしても「マイナス面」にばかりに目が行きがちだ。致し方ない部分もあるが、逆にこういうときこそ、見方を変えて、マイナスからプラスを見出そうとする姿勢が大事なのだと思う。

すべてを失ったから、元に戻らないからダメだと投げ出してしまえばそこでおしまいだ。再建不能とあきらめてしまえば、そこから先の道はない。

だが、元には戻らないのなら、その代わりにできることはないか。小さくてもいい、マイナスのなかに何か光はないか。そこから少しでも前に進むにはどうすればいいか。

そう考えれば、何かが見えてくる。1つでも2つでもいい。するべき何かが、できる何かが見えてくるはずだ。

第5章　メディアと向き合う

「20%も」か「20%しか」か。メディアが担う言葉の影響力

日本で誰も経験したことがない、ほとんど誰もが正しい知識を持っていない。今回の原発事故とはそうした災害だ。その、ほぼ前例のない災害にさらされた自治体を預かる首長にとって「情報の扱い」は非常に重い責務であることは言うまでもない。

何も知らない、何も知らされない、正しいかどうかわからない――。こういうとき、人はとてつもなく不安になる。私もこの7年間、マスコミやメディアへの対応には本当に心を砕いてきた。

飯舘村を始め、放射能災害に遭った自治体はどこも情報不足に振り回されていた。本来ならば国が行うべき十分な情報提供や状況説明がなく、私たちや村民はマスコミを通じて発表される情報でしか現状を知るすべがない。

だがそれも、メディアの書き方ひとつ、言葉の使い方ひとつで世の中への伝わり方が天と地ほども変わってしまう。同じ情報でもメディアがどう伝えるかによって、聞いた側の受け取り方が大きく変わってしまう。

情報がないこと、情報に翻弄されることの恐ろしさを改めて思い知らされている。

例えば２０１７年10月、村の教育委員会が村内で再開する認定こども園（幼稚園）と小中一貫校について保護者を対象にアンケートをとったところ、回答者４３２人のうち90人（20・８％）が「就学する」と答えた、という調査結果を発表した。

事実だけを言うと「20％の子どもたちが村の学校に帰ってくる」ことになる。

私たちにとっては、「避難先を近くにして通学できる環境を維持し、教育内容を整え、時間をかけて保護者説明会で話してきたことなどが反映された」という手ごたえを感じ、より充実させようという意欲にもつながる、期待の持てる結果だった。

実際のところ、20％という結果は周辺の自治体と比較してもずば抜けている。

例えば隣の浪江町の場合、人口は飯舘村の約３倍にあたる約２万人だ。飯舘村の子どもたちの人数が約６００人なので、大雑把に言えばその３倍の１８００人くらいの子どもがいる計算になる。

だが現在の浪江町が町外の二本松市につくった仮設の小中学校に通っている子どもの

数は小中合わせて14人しかいない。1800人のうちの14人。0・8％しかいなくなったということだ。それと比較すれば、20％という数値がどれだけ多いかわかっていただけよう。この現状を考えれば、すごいことなのである。

だが、この調査結果もメディアの取り上げ方、書き方によって伝わり方が大きく変わってくる。あるメディアは「20％も帰ってくる」と書き、別のメディアは「20％しか帰らない」と書く。これだけで同じ20％でも、その印象はまったく違ってしまうのだ。「も」と書かれれば、「そんなにいるのだから、復興も着実に進んでいるんだな」「帰村が進んでいるんだな」という印象になる。

しかし「しか」と書かれると、「たったそれだけか。復興が進んでいないんじゃないのか」「村の行く末は大丈夫なのか」という印象を与えてしまう。

20％という数字は紛れもない事実だ。事実を事実として書くのは当然のこと。だが、だからこそメディアの方々には、事実の伝え方により慎重になってほしい。もっともデリケートな状況ゆえ、言葉ひとつで村のイメージが、人々の心が大きく左右されてしまう。メディアの持つ影響力をいま一度考えて報道に臨んでほしいのである。

生中継のニュースで怒りをぶつけた夜
——大越キャスターとの交流

私はこれまでに何度か、ＮＨＫのニュースのなかでキャスターとやりあっている。やり合った相手とは、ＮＨＫ政治部記者で当時夜９時からオンエアされていた「ニュースウォッチ９」のメインキャスターを務めていた大越健介氏だ。

伏線となったのは、２０１１年３月21日に飯舘村の水道水からで暫定規定値の３倍を超える放射性ヨウ素が検出されたときのことだ。当然、このことはニュースで大々的に報道された。

そしてその数日後の２０１１年３月23日。東京都葛飾区の金町浄水場の水道水から２１０ベクレル／kgという、乳児の飲み水に関する国の基準の２倍を超える放射性ヨウ素が検出される（基準は１００ベクレル／kg）。

東京都はすぐに金町浄水場から給水を受けている東京23区と多摩５市を対象に、乳児への水道水の飲用制限を呼びかけた。ただ、飯舘村のときと同様に放射性ヨウ素の半減期は短いため、その後の数値は下がり続け、基準値を下回った翌24日朝に制限は解除されている。

もちろん、このこともテレビのニュースや新聞で大きく取り上げられた。だが東京の水と飯舘村の水に関する報道には大きな違いがあった。東京では検出以降、数値が下がって基準を下回ったことも連日のように報じられたが、飯舘村については検出されたあとに関する報道が何もなかったのである。

飯舘村で規定値を超える放射性物質が検出されたことは事実だ。そして東京のように翌日すぐとまではいかなかったが、同じように数値は下がり始め、3月末には村のすべての場所で基準値を下回るまでになった。

だが、東京の水のことは「数値が下がったから安全だ」と毎日のように報じるのに、飯舘村の水は「水が飲めなくなった」と伝えただけで、その後の放送はまったくなし。数値が下がっていることについては一切触れてくれなかったのだ。「冗談ではない」

――この報道姿勢に私は激しい怒りを覚えた。

ちょうどそのとき、この一連の出来事についてコメントをするために、『ニュースウォッチ９』の生放送中に電話取材を受けることになった私は、そこで今回の報道の姿勢について強く抗議した。どうしても物申しておかなければならない。そう決めていたのだ。

「東京のことは毎日後追い報道をするのに、なぜ飯舘村のときは基準を超える数値が出た事実だけを伝え、すぐに沈静化したという事実を報じてくれないのか。飯舘村についても昨日『数値が高かった』と伝えたのなら、『今日はここまで下がった』ことも伝えるべきではないか」と。

その後の事実まで正確に後追いで伝えてくれなければ、村民も、村外の人も、「飯舘村の水はずっと飲めないまま」だと思ってしまう。「村は放射能汚染されました」と言うだけで「あとは知らない」では、あまりに無責任ではないか。東京の人だけが安心できればいいということか。地方などそれでいいと考えているのか――。

こうした電話取材の場合、事前に質問される内容が大方知らされており、それに答えるというのが一般的なやり方なのだが、このときの私は、事前の質問にそのまま答えるつもりなどなかった。スタジオにいる大越キャスターの質問とはまったく関係のない私の思いのたけを伝えさせてもらった。確信犯なのだが、村のことを思えばそうせずにはいられなかったのだ。

夜なので自宅で電話取材を受けたのだが、あまりにも強く厳しい口調で抗議している私に動転した妻が、後ろからズボンを引っ張っては「ちょっとあなた、ぜんぜん質問に答えてないじゃない」とオロオロしていたのを覚えている。

ＮＨＫのニュースでの抗議の翌日、全国から数多くのメールをいただいた。「よく言ってくれた」「そのとおり、東京だけがすべてじゃない」、そのほとんどが賛同や励ましだった。

大越キャスターはこのときの心情を、ご自身の著書にこう記している。

震災に翻弄された被害者の心情に寄り添うことが、ことばで語るほど簡単でないことに気づかされたこともある。

（中略）

正直、どのことを指摘されているのか咄嗟には思いつかなかった。ただ、このときの村長の怒りといら立ちは、ＮＨＫをはじめとするマスコミ、政府をはじめとする「中央」に向けられたものであることは明らかであり、怒りを怒りとしてそのまま受け止めざるをえなかった。

『ニュースキャスター』（文春新書）より

大越氏は、この生中継での突然の抗議から、震災の被害と情報のなさに翻弄されている、被災者のやり場のない不安や怒りを感じ取ってくれていたのだと思う。

この〝奇妙な縁〟をきっかけに、大越氏はその後何度も飯舘村に足を運んでくださっている。また、大越氏が仙台での仕事の帰りにわざわざ福島に立ち寄ってくださり、お茶を飲みながら村の復興状況などの情報交換をさせていただくこともあった。

「ニュースウォッチ９」での出来事は、私にとって、そしておそらく大越氏にとっても、メディアと情報の在り方、向き合い方を見つめ直す機会になったと思っている。

経験のない放射能災害だけに、政府や東京電力でさえも十分な情報を持っていなかったこと。そのためマスコミも手探りでの報道にならざるを得なかったこと。

確かにそうした事情もあっただろう。だが今回の事故で多くの情報被害にもさらされた当事者の立場から言わせてもらえば、メディアにとってはこの難しい状況だからこそ、いかに現地と向き合うべきかを考えてほしいのだ。

情報をただ流せばいいということではな

大越キャスターとの懇談のひとコマ

い。その情報を流せばどのような影響が出るのか。流さなければどんな状況が引き起こされるのか。

経験がないからこそよく考えることが大切なのではないだろうか。メディアにとって、情報公開の在り方そのものが問われているのだから。

記者もメディアもいろいろ。でも結局はメディアも「人」なり。

メディアによる情報被害も受けはしたが、一方で、メディアの重要性も十分に理解しているつもりだ。原発事故からの復興に限らず、地域の活性化にはメディア、とくに地元メディアの存在が不可欠であることは言うまでもない。

積極的な情報発信によって飯舘村の復興の促進と原発事故の風化防止を進めていきたい私にとって、地元メディアとしっかりと付き合い、いい関係を築いていくことも大事な仕事なのだ。

私も地元紙の記者たちには、記者であると同時に地元の復興を願う１人の人間という気持ちを持ってくれている人が多い。それはすごくありがたいことだ。

もちろん取材に私情を挟むとかなれ合うということではない。事実は事実として正しく、毅然として、偏りなく伝える。

御用記事を書くわけではないのだから、私への批判的な記事なども当然ある。だが、憶測や噂だけで書くのではなく、こちらの言い分もきちんと聞いたうえで書く。

それはメディアとしてあたりまえだ。そうでなければこちらも困る。

だが前述したように、同じ事実を伝えるにも伝え方がある。先の復興への影響なども見据えた情報発信に心を砕いてくれている記者もいるということだ。

ある地元紙に飯舘村にとってマイナスの記事が載るときなど、前夜の9時頃に電話をかけてきて、記事内容に関して取材されることがある。

村にとってプラスの記事のときは連絡もないのだが、悪い記事の場合は、「申し訳ないけれど明日朝刊で○○の記事を載せます。でも村長からコメントがあればどうぞ」と、村側の考え方や事情といったこちらの声も拾ってくれる記者もいる。

もちろんこちらから「記事を出すな」と言うわけもない。だが、朝起きて新聞を見てビックリ、ということがないように気遣いをしてくれているわけだ。

例えば２０１７年12月。補助事業も進めてきた共同商業施設の建設が、経営的に厳しく、行政頼りでは継続が困難という理由で中止になった。

当然、大きな記事になったのだが、そのときもひとつの地元紙の記者が前夜に電話をくれた。記事に関しては、それまでの取材ですべて話していたので、特に追加でコメントすることもなかったが、すっぱ抜かれて翌朝役場は大混乱といった事態にならずに済んだ。慣れ合いも癒着もないが、１日も早い復興を願う気持ちは同じ。だからこその気遣いなのだと思う。


その一方で、こちらの考え方や言い分を取材もせず、村のやり方に反対している側の声だけを取り上げて、ひたすら批判ばかりを書き続けている地元の雑誌もある。

その雑誌の記者からは3年ほど前に1度、連絡があった。聞くと、最初から憶測だけの内容をぶつけてきて、そのように書くという。避難生活が長引き始めた非常にデリケートな時期だったために、公平な立場で書く気がないのなら取材は受けられないと断った。するとそれ以降、こちらへの取材もなしに批判記事を出し続けている。

やはり、結局のところ、メディアも「人」次第なのだ。

すべてをよく書いてくれなどとは毛頭思っていない。だからフラットなスタンスで向き合ってくれるならば、いくらでも取材も受けるし議論も辞さない。

ただ、そこではこちらの声も真摯に聞くのが当然だろうということだ。最初から批判・反対ありきの取材では、こちらが何を言っても「ただの言い訳」にされてしまいかねない。

無論、出版は自由なのだからやめろと言うつもりもないが、そんな記事に負けてはいられない。それが私の正直な気持ちだ。村の復興は始まったばかりなのだから。

第6章

子どもたちこそ「未来」

——学校教育が村を支える

避難指示前に打った一手で臨時の学校が確保できた

村の復興にとって最大の課題は子どもたちのこと、そして学校のこと――私はずっとそう考えてきた。なぜなら、子どもたちこそが村の「未来」だからだ。

全村避難の指示が出されたときも、「学校をどうするか」は早急に取り組まなければならない問題だった。

実は、学校の問題については、事前にひとつの手を打っていた。

避難指示が出される前の段階で、隣接する川俣町の古川道郎町長（当時）と電話で話をした際、「万が一のときは、子どもたちのために川俣町の学校の一部を貸してもらいたい」とお願いをしておいたのだ。

このタイミングで先にこの話ができたのは、ひとつの〝予感〟があったからだ。

事故発生当初、避難区域に関する政府のスタンスは「避難エリアを30㎞から広げるつもりはない」というものだった。ところが半月ほど経った2011年の3月末頃から様子が違ってくる。

「30㎞のエリアにこだわるつもりはない」

「地域によって異なるから個別に考える必要がある」

といった具合に、そのニュアンスというか言い回しが変わり始めた。

その頃すでに飯舘村は空気、土壌、水などから放射性物質が検出され、その対応に追われていた。

そうした事情を踏まえて考えたとき、ある思いが脳裏をよぎった。政府は「30㎞圏内という線引きは据え置きながら、飯舘村だけを強制的に避難区域に組み入れる」つもりなのではなのか、と。

この段階では「もしかしたら」という予感でしかなかったが、この小さな思いが「避難になったら学校を貸してほしい」という事前要請につながったのである。

結果として村は4月22日には計画的避難区域に指定されることになる。このとき、飯舘村とともに川俣町の山木屋地区も一緒に指定されてしまった。だが、古川町長は「前から約束していたことだから」と、飯舘村の子どもたちの一時受け入れを了承してくれた。

町長に対しては住民から「自分の町の子どもたちが避難で大変なのに、他の村の面倒を見ている場合じゃない」といった声もあっただろうことは想像に難くない。それでも受け入れてくれた町長や教育長をはじめ川俣町の方々の心意気とご苦労には本当に感謝しかない。

こうして飯舘村にある学校は、川俣町内の学校に〝間借り〟という形で移転することになった。

・3つの小学校（草野小学校・飯樋小学校・臼石小学校）→川俣中学校へ。
・飯舘中学校→川俣高校へ。
・2つの幼稚園（草野幼稚園・飯樋幼稚園）→川俣町内の2つの幼稚園へ。

それぞれスペースを空けてもらって臨時の教室を確保することができた。ちょうど春休みの時期だったために教室移動も比較的スムーズに行われた。

通学には村が持っていたスクールバスを使用。避難先を巡回して子どもたちの送迎を行うことにした。

　こうして２０１１年４月。村の小中学校、幼稚園は校舎の場所が変わりつつも、授業を再開することを得たのだ。

間借りから仮設、そして村内へ。学校再開は村づくりの原点

　だが、この間借りはあくまでも学校を再開させるための一時的な施策である。川俣町自体、一部地域が計画的避難地域になっているのだ。いつまでも川俣町の学校に迷惑をかけるわけにはいかなかった。

　できるだけ早く村独自で仮設の学校を用意しなければ――。間借りによる授業再開と同時に、私は場所探しに動き始めた。

　ある日、川俣町内を車で走っていると、操業をやめた大きな工場を解体している現場に出くわした。ピンときた私は、すぐに工場主の元を訪ねて、「壊してしまうなら、その跡地をぜひ仮設の小学校に使わせてもらえないか」と申し出た。

工場主の方はこちらの申し出を快諾してくださり、解体作業が終わるのを待って工場跡地を村に売却していただいた。その土地に3つの小学校が入る村立の仮設小学校を建てられた。そのため現在、仮設小学校が建っている場所は、川俣町内にあるけれど飯館村の土地ということになっている。

また同時期に、福島市と川俣町の境界に近い土地を、村の仮設幼稚園の場所として借り上げることも決まった。

工事は急ピッチで進められ、1年後の2012年4月には仮設の幼稚園、仮設の小学校が完成する。

仮設校舎用の土地探しが難航したのは中学校だ。

間借り先の川俣高校もスペースにあまり余裕がなく、小さな教室3つに150人近い生徒が過ごすという状況は、学習環境としてかなり厳しいものがある。

村の教育アドバイザーからも「村長、中学校をなんとかしなきゃ大変なことになる」と言われていた。私としても早く仮設の中学をつくってあげたいのだが、なかなか土地が見つからなかった。

そんなあるとき、頭を悩ませていた私に救いの手が差し伸べられる。

２０１１年６月、飯舘村役場が福島市飯野町に移転した際に、地元の方々が歓迎会を開いてくださった。

そこで仮設中学校を建てる場所を探している話をしたところ、ある方から「それなら飯野町に空き工場があったな。あそこなら広いグラウンドもあるから当たってみな」と教えられたのだ。

工場を所有している会社は東京にあるとのこと、すぐに上京して交渉したところ、ここでも快く貸してくださることに。

工場の元々しっかりした造りの建物にリフォームをかけて、２０１２年夏、飯野町に「仮設とは思えない」と言われるほど環境のいい中学校舎が完成した。

こうして、川俣中学校に間借りしていた小学生と幼稚園児は2年目の春から、川俣高校を借りていた中学生は2年目の2学期から、避難先の仮設校舎ではあるが〝自分たちの村の学校〟へと戻ることができたのである。

子どもたちは自前の校舎で、のびのびと学校生活を送ることができる。厳しい避難生活のなか、小さいけれど明るい灯がともった。

最初の復興住宅は、子どもたちの通学のために

当時、飯舘村には約550人の子どもたちがいたが、その7割近くが川俣町と福島市飯野町で再開した村の学校へ入学。仮設幼稚園へも4割の園児が入園した。これは全村避難になった自治体にしては驚異的な数字だと思う。

同じように避難指示を受けた自治体や、避難区域には入らなかったが放射線量の高い地域では、避難後、一向に学校再開のめどが立たないところもあったのだ。

飯舘村がこうして早くから学校を再開することができた要因のひとつには、やはり「車で1時間圏内の避難先」にこだわったことが挙げられるのではないか。

飯舘村では1カ月で全村避難という指示のところを2カ月かけて、放射能リスクもさることながら「生活の変化のリスク」も考慮して、車で1時間以内のところに村民の約

9割を避難させた。

つまり、村から遠く離れなかったことで、転校せずに村の学校に通うという選択ができたとも言えるだろう。

とはいえ、だ。

子どもたちにしてみれば、毎日スクールバスで片道1時間かけて通学・通園していることになる。

そうでなくても慣れない土地での避難生活で心身に負担がかかっているのだ。そこに毎日往復2時間のバス通学は、子どもにとってかなりキツイに違いない。

学校での授業と通学で疲れてしまい、子どもたちはみんなバスの中で眠りこけているといった話もときおり耳に入ってくる。車で1時間圏内は、あくまで大人にとっての近さの基準なのだ。

そう考えれば、子どもたちのためにもっと学校に近くて利便性の高い場所に避難先を整備する必要があるのは明白だった。

そこで、仮設の幼稚園、中学校、小学校にほど近い福島県飯野町の一角にある工場跡の空き地を村で買い取り、そこに「村外子育て拠点」として村営の復興住宅を建設することにした。この土地にしても、地元・飯野町の方から紹介されたものだ。いかに避難先の方々とのつながりが大切かを思い知らされた。

住宅は2014年8月31日に完成。敷地内には住民の集会所「ふれあいほーる まつぼっくり」も設けられた。「飯野町団地」と名付けられた23戸は、原発事故の避難者を対象につくられた県内初の公営(村営)復興住宅でもある。

完成後に入居したのは子どもを持つ16世帯65人(2018年3月現在で21世帯64人)。これまでバスで1時間かかっていた子どもたちの通学・通園は、15~20分に短縮されることになる。

いちばん最初の復興住宅が、避難先確保に加えて「子どもの通学のため」という目的で建てられたことを知る人は少ない。これもまた学校再開と子どもの帰還を願っての発想だったのである。

しかし避難生活が長引くにつれて状況は変わっていく。さまざまな事情で別の土地へと引っ越す人、別の学校に通う人などが出てきて、村の仮設学校に通う子どもたちの割合は年々減っていった。

7割が6割になり、5割になり4割になり——2018年現在では2割ちょっと。仮設に通っているのは、元からいた子どもたちの2割ほどになっている。だが、この2割という数字とて、ほかの自治体に比べれば圧倒的に多いのだ。

そして避難指示解除となったいま。子どもたちが減ってしまった学校をどうするか。学校に戻る子どもたちに何ができるのか。村に戻らない子どもたちに何かできることはないのか——大きな、大きな課題である。

福島市飯野町に建設された復興住宅

だが立ち止まってはいられない。村内での学校の復旧・再開は村づくりの原点であり、そこに向けた取り組みにこそ、村の未来がかかっているのだから。

飯舘村で学びたくなる——そんな独自性のある教育を

村の幼稚園に入り、村の小学校に上がり、村の中学校に通う——それが7年前までの村の子どもたちの〝あたりまえ〟だった。

だが、いまは違う。原発事故がその〝あたりまえ〟を奪い去ってしまった。

ほかの被災自治体に比べれば、飯舘村はそれでもまだ多くの子どもたちが村立の仮設学校に来てくれてはいる。しかし、年々その数が減少しているのもまた、紛れもない事実だ。

それでも村の未来を考えたら、子どもたちには1人でも多く村に戻り、村の学校で学んでほしいと思っている。

確かに避難指示解除によってルール上は村に帰ることができるようになった。しかし、原発事故による放射能汚染という特殊な災害のため、村民の不安はいまだに大きい。とくに子どもを持つ親御さんたちが帰村をあきらめる、帰村を躊躇するのもよくわかる。それゆえ、こちらから「戻ってくれ」などと言うことはできないのもわかっている。いまの私にできることは、次の3つしかない。

ひとつめは「ここで学びたい」と思えるような質の高い、独自性と特徴のある教育を提供すること。ふたつめは優れた学習環境を整えること。そして、あとひとつは、子どもたちが戻ってくれるのを待つこと、だ。

ならば私は、自分ができることを懸命に、前向きに、進めていくしかない。

そこで考えた。飯舘村が目指すべき教育とはどういうものか。

長い避難生活で家に帰れなくなる、家族がバラバラになる、友だちと離れ離れになる、大事なものがなくなってしまう——こうした辛い経験をしてきたからこそ学ぶべきこと。

それは心の豊かさだろう。

人としてあたたかな心がある教育、相手に寄り添う心、感謝の心。

豊かな心には豊かな感性や表現力、想像力なども求められるだろう。

自ら考え自ら学ぶ姿勢もまた、心の豊かさに通じている。

こうした心の豊かさを育むことこそ、この村らしい教育なのだ。


子どもが戻らなければ、学校がなければ、この村の未来は限りなく危うい。この7年間、その決意で学校再開に向けた取り組みを行ってきた。

子どもたちに飯舘村の学校に帰ってきてもらうために、「飯舘村で学びたくなる」「飯舘村で学ばせたくなる」と思ってもらうために、知恵を絞って魅力ある教育プログラムの充実を図ってきた。そして、これからもその取り組みは続けていく。

ここからいくつか、その取り組みを紹介しようと思う。

「笑育」で子どもに積極性と表現力を
――その笑い声が村の原動力になる

飯舘村と村の教育委員会では、原発事故前からさまざまな教育プログラムの採用を採し、考え、検討し、実践してきた。

それは川俣町に教室を間借りしていたときも、村の仮設校舎に移ってからも変わることなく続いている。


例えば2016年から取り入れている「笑育」もそのひとつだ。

笑育とは、漫才などのお笑いを通して積極性や表現力、コミュニケーション力や柔軟な思考力を養う教育プログラムのこと。多くのお笑い芸人が所属する芸能プロダクションの松竹芸能（大阪市）が子どもたちを対象にして取り組んでいる。

私に笑育のことを教えてくれたのは、長崎県の小児科医、出口貴美子さんだ。

出口先生は、原発事故後の2011年10月から2カ月に一度ほど、ご主人と飯舘村の幼稚園や仮設住宅を訪れて、子どもたちへの心のケアや親御さんへの相談会、カウンセリングといった支援活動をしてくださっている。専門家の立場からの適切なケアはとてもありがたく、とても感謝している。

そしてあるとき、先生といっしょに食事をしたとき、「関西のほうで笑育というプログラムがあって、その効果が話題になっている」と聞かされたのだ。

「これだ！」――ピンときた私はすぐに導入の検討を始めることにした。もちろん「おもしろそうだから飛びついた」だけではない。

実は以前から、子どもたちの積極性を高めたり表現力を伸ばしたりするにはどうしたらいいかを考えていたのだ。

村で購入するから小学校にカラオケを入れたらどうか、と学校に持ち掛けたこともある。私自身はカラオケをほとんど歌わないが、その効用については評価している。いまの日本人が昔より積極的で自己表現も上手くなってきた理由のひとつには、日本のカラオケ文化が影響しているのではというのが私の考えだった。

私はいたって真剣だったのだが、提案があまりに突飛過ぎたのか、不真面目だと思われたのか、どの学校からも「とんでもない」と断わられてしまった。

そんな過去の経験を持つ私にとって、「漫才で表現力を、お笑いで積極性を」という笑育はまさにストライク。だからこその「これだ！」だったのである。

すぐに松竹芸能と連絡を取って村との連携を進め、小中学校の授業に取り入れることを決めた。そして２０１６年４月に川俣町の仮設小学校で第１回目の笑育授業が行われた。

実際に教室では漫才の基本である「ボケ」と「ツッコミ」を考えたり、プロの芸人さんと組んで漫才を体験したり、友だち同士で漫才を披露したり――笑いと笑顔の絶えない、楽しくて充実した授業になったという。

子どもたちの楽しそうな笑い声は、村が未来へ向かうための原動力になる。この笑育授業に大きな手応えを感じた私は、その後も不定期ではあるが特別授業として開催を続けている。いずれは本格的に小中学校のカリキュラムに組み込んでいきたいと思っている。

アクティブ・ラーニング――公と民を超えた新しい教育プログラムを

飯舘村では２０１７年から、埼玉県に本部を置く民間の学習塾「花まる学習会」と提携し、その協力を得て新しい教育への取り組みを始めている。長年にわたって村のアドバイザーをしてもらっている建築家の佐川旭氏の紹介によってスタートした。

花まる学習会は〝点数だけでなく、将来メシが食える大人を育てる〟という指導法で注目を集めている。

近年、教育に関して「アクティブ・ラーニング」という言葉を耳にする。

学校の授業を、知識を詰め込むだけの受け身の学びではなく「自ら学習意欲を高め、それを習慣づける学び」へ改善するということだ。

文科省もこのアクティブ・ラーニングを2020年から実施される新学習指導要領の目玉のひとつとして打ち出している。

子どもに意欲を持たせることに主眼を置く「花まる学習会」は、まさにアクティブ・ラーニングを実践している学習塾なのだ。

テストの点数だけでなく学ぶ心と姿勢を育てる教育――これは、飯舘村が目指す教育理念とピタリ一致する。

そんな花まる学習会のことを知って感銘を受けた私は、すぐに東京に出向いて社長さんと直接交渉。提携して教育現場に入ってもらう話を取り付けたのだ。

すでに2017年6月から、仮設の小中学校で花まる学習会の講師の方による特別授業がスタートしている。

小学校では計算や音読を通じて集中力や積極性を養う短時間授業「花まるタイム」を、中学校では思考力を高める数学の授業や、受験対策として放課後の補習「放課後塾」を行っている。

公立学校の教育現場に民間の学習塾が入ってくる——こうした取り組みに対する反発は根強く存在する。そもそも公的機関の学校と民間サービス業の学習塾ではその成り立ちや目的が違うため、教育そのものへの考え方、指導内容や指導方法、子どもへの接し方なども異なるからだ。

今回の花まる学習会との提携にしても、すんなり決まったわけではない。現場やその周辺からは教育現場の混乱を不安視する声も聞かれた。

だが、本書でも何度も申し上げたように、いまの飯舘村は〝平時〟ではない。村から子どもたちが姿を消し、学校がなくなることさえ危ぶまれる〝有事〟なのだ。公だ民だと言っている場合ではない。子どもたちのためになるのなら、間口を最大限に広げて取り入れていくべきなのである。

花まる学習会の講師である会田完三先生には、飯舘中学校に常駐していただき、小中両方の授業を受け持っていただいている。

村外から通うことも十分に可能なのだが、彼は今回の提携を機に飯舘村に移住を決意してくれた。避難指示解除後に転入した最初の飯舘村民でもある。村に腰を据えて子どもたちと真摯に向き合ってくれる姿勢には頭が下がる思いだ。

いま、公と民の垣根を越えた新しい教育プログラムも着実に動き始めている。

村ではこの取り組みを、前出の「笑育」に対して「花まる育」と位置づけ、教育方針の柱のひとつに据えていくつもりだ。

また、アクティブ・ラーニングと言えば、世界的に有名な絵本作家・いせひでこさんと、ノンフィクション作家の柳田邦男さん夫妻も、避難生活で仮設校舎に通うことを余儀なくされた子どもたちと絵画教室や絵本の読み聞かせなどで交流してくださっている。

お二人をお招きできたのは、村の教育アドバイザーの海野先生の紹介によるものだが、それも震災があったがゆえに広がったご縁によって実現したものだ。

いせさんは、村の3つの小学校に通う児童全員に絵本『木のあかちゃんズ』や直筆のポストカードをプレゼントしてくださったり、たくさんの花を用意して、それを題材にみんなで絵を描いて冊子にしたりしてくださった。

柳田さんは、ご自身で撮影した雲の写真を教材にして、雲から想像できるものを自由に絵に描くといった授業を、すべてボランティアで行ってくれている。

想像力や創造力、感性を磨くための貴重な機会を提供して、子どもたちに希望を与えてくださるお二人のご支援には心から感謝している。

そしてお二人の指導のもと、子どもたちが思い思いに描いた花の絵は、この春に開校する認定こども園の園舎を彩るように飾られる予定になっている。

村の子どもには旅をさせよ——未来への翼を育てたい

飯舘村では7年前の夏から、村の中学生をドイツに派遣する「未来の翼」プロジェクトを立ち上げた。この事業の実現は、村づくりに長くかかわってもらっている福島大学の大黒太郎先生の持ち込み話が発端だった。

派遣先はドイツ南西部のフライブルク市。市の約4割が森林という自然豊かなフライブルクは環境都市として知られ、近郊で持ち上がった原発建設計画を反対運動によって中止に追い込み、バイオガス発電や風力発電、太陽光発電、グリーンツーリズムといったエコロジカルなまちづくりに積極的に取り組んでいる自治体だ。

7年前とは2011年、言うまでもなく今回の原発事故が起きた年だ。全村避難にさらされ村の存亡が危ぶまれるこの時期に海外研修とは——。このプロジェクトには、こうした批判や驚きの声も大きかった。だが、このタイミングだからこそ立ち上げる意味があるのだ。

放射能災害の被災地となり、その現実を身を持って知っている村の子どもたちだからこそ、原発に頼らず再生可能エネルギーの開発に取り組む環境先進国に学ぶことは多いはず。その学びは、村の未来、いやこの国の未来に必ず生きるだろう。私はそう考えた。

未来を担う子どもたちに、人と自然を活かし、思いやりながら進めるコミュニティづくりの姿を実感してほしい。これは、この村だからこそ可能な10年、20年、そのもっと先を見通したプロジェクトなのだ。

2016年度からは派遣先をカナダに変更、「世界一グリーンな都市」を目指しているバンクーバー、自然あふれる観光都市ウィスラーなどでホームステイや農業体験を行っている。

さらに原発事故前から行っていた、村の小学6年生を沖縄に派遣して命や環境、文化の大切さを学ぶ研修旅行「沖縄までいの旅」もずっと継続して実施している。

「未来の翼」「沖縄までいの旅」の両プロジェクトは、村の仮設小中学校に通う児童生徒、そして避難先の村外の小中学校に通う子どもたちも対象とし、滞在費や宿泊費はすべて村が負担する。

子どもたちの瑞々しい感性で多くのことを吸収してほしい。視野を大きく広げて世界で活躍する人材になってほしい。その経験を未来へと活かしてほしい。そして、復興へと向かうふるさとの村に、明るい笑顔と希望を届けてほしい。

子どもたちに未来へ羽ばたく強い「翼」を。

そのために村が、村の大人たちができることを。

それが飯舘村の考える「学び」の理念なのだ。

中学生に教えられた「清く正しく生きる」こと
――日本人の忘れものプロジェクト

お天道さまが見ているよ――「誰が見ていなくとも、お天道さま（太陽）が見ている。だから悪いことをしてはいけないよ」。私世代の人ならば、幼い頃に母親やお年寄りからよく聞かされてきた、なじみの深い言葉ではないだろうか。

だがいまでは、あまり使われなくなってしまった。お天道さまが見ていようが平気で悪いことをする大人たちが増えたこの時代、この言葉で子どもたちに道徳を説けるのか。

私にはそんな忸怩たる思いがある。

実際に、村の中学生に聞いたことがある。この言葉を聞いたことがあるかと。やはり知っていたのは10人中2人ほどだった。親も周囲の人も言わない。「お天道さまが見ている」はいまや、日本人が忘れた言葉になってしまった――そう思っていた。

ところが、この言葉をもう一度思い出させてくれる出来事があった。それもこの避難生活をしているさなかに、だ。主役になったのは村の中学生たちだった。

全村避難となり、村外の仮設校舎に通わざるを得ないという厳しい環境のなか、彼らを勇気づけてくれたのは全国から寄せら

仮設校舎の前に建てられた「日本人の忘れもの」の碑の除幕式

れた励ましとあたたかい言葉だった。そして彼らは、この原発事故、放射能災害を通じて「言葉の持つ力」に気づかされたという。

２０１３年３月。そうした子どもたちが中心となって、ひとつのプロジェクトが立ち上がった。それが飯舘中学校の生徒たちが中心になり、全国に向けて10文字以内の「大切にしている言葉」「次世代に伝えたい言葉」を募集した『日本人の忘れもの　プロジェクト』だ。机の上での授業だけでない学びのために使う村の予算「やったね！事業費」を使って実施された。

このプロジェクトには、想像した以上の反響があり、全国から約２５００点の言葉が寄せられた。俳人の黛まどかさんやスポーツジャーナリストの増田明美さんらが審査員となって、そのなかから23点を入賞作品として選出。そのなかでもっとも多くの人が選んだ言葉が「お天道さまが見ているよ」だったのだ。

いま、それらの作品は石碑に刻まれ、飯舘中学校の校庭に設置されている。

村の中学生たちが思い出させてくれた「日本人が忘れてしまった大切な言葉」、そこには、村の理念である「までい」にも通じる、〝清く正しくあれ〟という気高き日本人の心のあり方が刻まれている。

私は思う。お天道さまが見ているのは「悪いこと」ばかりではない。ひたむきに、前向きに、夢と希望を持って生きていれば、お天道さまは、必ずその姿も見ていてくれるはずだと。

お天道さまが見てくれていれば、この村も、この国も、きっとよみがえる。だからこそ、常に清廉潔白、天に、人に、誰に恥じることなく生きていこうと改めて思う。村の未来を担う子どもたちが、そのことを教えてくれた。

県内初の「村立高校」で復興を担う若者を育てる？

全村避難によって村の高校が廃校の危機に瀕している。

県立相馬農業高等学校飯舘校（以下、飯舘校）。県立高校ではあるが村唯一の高校ゆえに、村では〝村立の高校〟だとの思いを持って毎年ある程度の予算を計上し、必要なときには人的応援をするなどして飯舘校を存続させてきた。

現在、飯舘校は原発事故による全村避難で、福島市内の高校の校庭に仮設校舎をつくって授業を行っている。

だが、避難の影響もあって現在では、全校生徒における村出身者の数が減少。今後も入学者数が増える可能性は低い。そのため福島県教育委員会は２０１７年、飯舘校について翌２０１８年度からの生徒募集を停止することを決定した。募集停止とはつまり、いまの在校生が全員卒業する2年後、飯舘校は廃校になるという意味だ。

村はこれまで、飯舘校にずっと愛着を持ってきた。本来の名称は「飯舘分校」だったのだが、「分」の文字を削って「飯舘校」にしてもらったのも〝おらが村の高校〟という意識が強かったからだ。

その高校をなくしたくない。何とか残したい。それが私の偽らざる思いである。

現在、飯舘村と県教育委員会とで「飯舘校」を県立高校として村内で学校継続できる手立てがないかを検討している最中だ。

福島県の県立高校には、生徒数の定員40名のうち半数の20人に満たない状態が3年間続くと廃校になるというルールがある。

子どもが減っているうえに、今後増えるかどうかもわからない。そんな飯舘村が毎年20人の生徒を確保するのはほぼ無理と言っていい。状況は絶望的だった。

だがここであきらめたら、本当に村から高校が消えてしまう。何か手立てはないものか——実は、ひとつだけあった。飯舘校を存続させるための方法がまだ残っていそうだ。

それは「村立高校にする」というもの。定員割れによる廃校というルールが適用されるのは飯舘校が県立高校だからだ。

ならば、村立高校ならそうした縛りも適用されずに済むことになるのではないか。定員数だけでなく授業内容や通学区域も村が独自に決定できるのではないか。

私は村として、飯舘校の村立化による再出発を目指す道もあるのでは、と考えた。福島県飯舘村立飯舘高校——もし実現すれば、市町村立の高校としては福島県で初めてとなる。

ただ、学校運営費や施設・設備費の財源はどうするか、村外から生徒を集めた場合、学生寮なども必要になるがその建設費用はどう捻出するか、教員の確保は可能なのかなど、村立高校化には課題が山積しているのも事実だ。

そうなれば当然、反対する声も上がってくるだろう。「何でそんなことをやるんだ」「村の負担になるようなことはやめろ」という声も聞こえてきてはいる。

確かに目先のことだけを考えれば、負担になるかもしれない。だが、本当の復興をするには、いまだけを見るのではなく、「未来を見据えたいま」を考えることが大事ではないだろうか。種を蒔いておかなければ花は咲かない。

村の将来を、村で学んだ若者たちに託す。そのために学校を存続させることも、いま蒔くべき種ではなかろうか。

県の教育委員会でも飯舘校の村への移管（村立化）も視野に入れて前向きに検討してくれてはいる。このようなことができれば、人口減や高齢化に悩む地方における学校の在り方のモデルケースになる可能性もある。飯舘校がどうなるのか、まだまだ紆余曲折があるだろう。

学校再開は未来への再出発――飯舘村に〝学び舎〟が帰ってくる

隣町の学校で教室を間借りし、その後、急ごしらえの仮設プレハブ校舎に移って約6年。村の子どもたちには避難生活のみならず、学習環境の面でも大変な苦労をかけてしまった。

だが、ようやく学習環境の整った〝村の学校〟が戻ってくる。

避難指示解除から1年後となる2018年4月1日、飯舘中学校の敷地内に村の中学校1校と小学校3校を集約させた「飯舘小中学校（仮）」、そして2つの幼稚園と1つの保育所を集約させた「認定こども園」が開校・開園することが決まった。

さらに野球場や陸上競技場、屋内運動場、テニスコートなどを備えたスポーツ公園も併設される。

子どもたちのためになる学校教育には「ソフト」と「ハード」の両輪が不可欠だ。ソフトの面では、本書でも触れたように、さまざまな教育プログラムを検討・採用して村独自の学びの充実を図ってきた。

そして今回、村立小中学校と認定こども園の開校によって、もう一方の車輪である学習環境というハード面の充実を果たすことができたのである。

さらに再開にあたっては、学校に入るゼロ歳児から中学生まで、教材費、給食費、制服の購入費など学校の教育に関する費用をすべて無料化することも決定している。

また、ファッションデザイナー、コシノヒロコさんに小中学校の制服デザインを依頼。2017年9月に行われた飯舘中学校の「新制服選考会」では、生徒の代表が2種類の制服を試着して披露。私は現場にいなかったが、子どもたちは大いに盛り上がったらしい。

通学に関しては、スクールバス運行のほか、避難先が遠方の場合はタクシーの利用も検討しており、その場合のタクシー代についても国に予算計上を何年も前から要望している。

こうした取り組み以外にも、少しでも多くの子どもたちに「村の学校に帰りたい」と思ってもらえるような魅力ある学校づくりをしていくつもりだ。

２０１８年10月の調査では、１００人近くの子どもたちが「新しい学校に行く」と答えてくれた。これは調査に回答した４３２人の20・８％にあたる。この数字、２カ月前の調査時より40人以上も増えているのだ。回答のなかには「飯舘の学校を卒業したい」といううれしいコメントもあった。

前述のメディアの話ではないが、そう思えばこそ、ここでは、「20％も」「１００人も」という表現を使いたい。

今後、子どもたちの数がどう推移していくのかは正直わからない。しかし、わずかだが明るい〝兆し〟も見え始めている。

この学校再開は、飯舘村の復興への大きな一歩になる、私はそう信じている。

批判や反対を超えて――それでも村に学校は必要だ

この小中学校と認定こども園の再開については、計画を立ち上げた当初から、さまざまな批判を受け、メディアでも批判・糾弾をされてきた。

学校施設の整備にかかる予算が約30億円に上ることから、「そんな大金をかけてまで学校を再開する必要があるのか」「〝ハコモノ〟に金をかけることが復興に資するのか」といった批判があることも承知している。

だが、くり返しになるが、学校と子どもたちの存在こそが村の未来なのだ。

原発事故発生の年に小学校に入学した子どもは、一度も村の校舎に通うことなく福島市の仮設校舎から卒業したことになる。村での学校生活を知らない子どもが増えていく――こうした事態が続けば続くほど、子どもたちの心から「この村が自分のふるさと」という感覚が薄れてしまうだろう。これは由々しきことだ。

事はいくつもの学校がひしめき合う大都会の話ではない。山間の小さな村にとって「学校がない」のは、その村には「未来がない」のと等しい意味を持つ。村を、日本を、世界を担う次の世代を育てるための拠点として学校は絶対に必要なのだ。

30億円は確かに大金だが、これとてただ校舎を立派にした、華美にした、設備に無尽蔵に金をかけたということではない。子どもの人数が少なくなったこの村でこそ可能な、マンモス校では望めない独自の教育環境を整備するための費用なのだ。

例えば、同じ敷地内にこども園から中学校まであることで、中学生や小学生が幼児の面倒をみる、小学生が中学生から教わるといった、学校や学年を超えた子ども同士の交流が生まれる。これだけでも、縦割り教育ではなし得ない教育環境だろう。

学習環境としての学校は、単なる〝ハコモノ〟ではないのである。

また、再開時期についても批判はあった。当初、学校再開は2017年3月31日に行うつもりだった。避難指示解除と同時に学校もスタートしようと考えていたのだ。

それを発表したところ、村議会や保護者、メディアからは「時期尚早だ」「再開を延期しろ」といった批判が相次いだのである。

だが、時期尚早と言ってもいつならいいのか、延期するならいつまで延期すればいいいのか、という話になってくる。また各家庭に「ウチはあと何年で小学校卒業だからそのときに」「あと何年で中学校卒業だからそれまで」といった事情があるのもわかるが、それを1本化することなどできない。

いずれはやるのなら、私が悪者になってでも避難指示解除のタイミングで一気に、一斉にやるべき。それが復興への弾みにもなる。私の考えは変わらなかった。

ところが結局、学校再開はこの春、２０１８年4月に延期になっている。避難指示解除に合わせることができず、予定から1年もずれ込むことになった。

ここぞとばかりにメディアで「村長は、村民の批判に屈して再開を延ばした」などと書かれたのだが、実際の事情はそれとは異なる。

というのも、当初の計画では、小学校も中学校もそれぞれの学校での再開を考えていたのだ。しかし、計画を進めていく間に、保護者から「村に戻るなら送り迎えに便利なように1カ所にまとめてほしい」との要望が出てきた。それを聞いて私も「なるほど、確かにそうだ」と思った。そのほうが子ども同士の交流も生まれやすいし、1カ所にま

2018年4月から再開された学校の校舎完成図

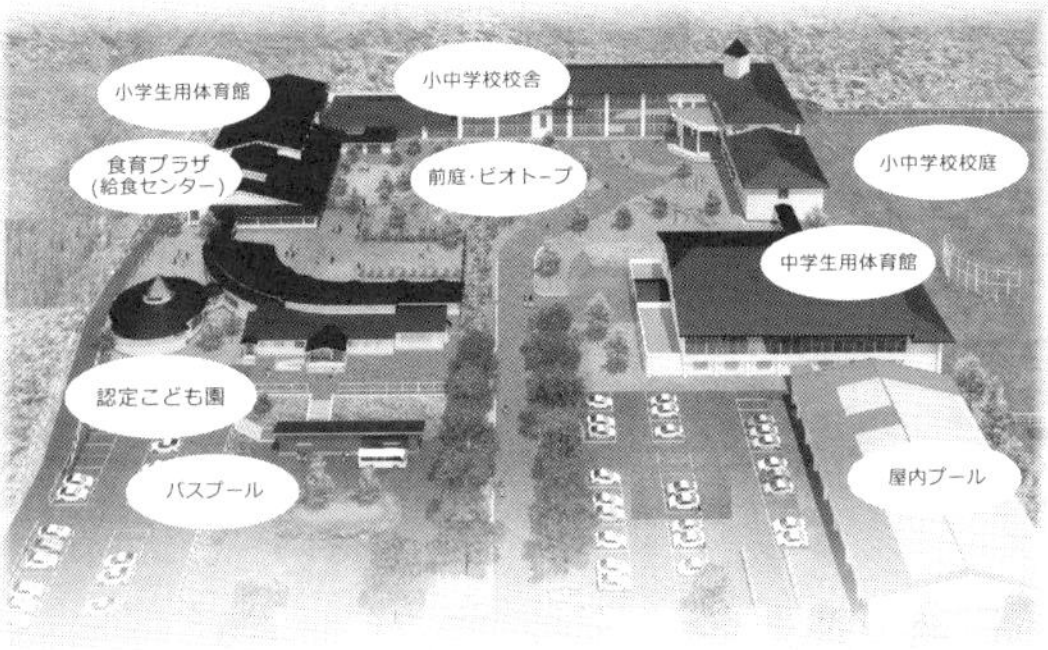

とめたほうが保護者も送り迎えがしやすくなる。

そこで計画を変更して〝小中一貫〟の学校として再開することにしたのだ。だが別々にしようとしていたものをひとつに集約する、つまり中学校に小学校を入れるとなると、校舎のつくりから何から大きく変更しなければいけなくなる。

どうせなら喜ばれる環境をつくりたいが、そのためにはただリフォームすればいいという簡単な話ではない。だから、仕方なく再開を1年延期することにしたのだ。

つまり、子どもの学びに効果があって、保護者にとって利便性が高い学校に改修するための再開延期だったということ。それゆえ「住民の声に屈した」というのは事実ではないのである。

さまざまな批判や反対があったが、もっとも多かったのは「放射能の不安がある場所に子どもを連れて戻れない。子どもが戻らないのに学校が必要なのか」という声だ。

誤解してほしくないのは、私は「無理やり子どもたちを村に帰せ」と言うつもりなど毛頭ないということだ。本書でも何度も書いたように、いくらきっちり除染したから、国の避難指示解除が出たからといって、放射能への不安が消えない人はいる。子どもを持つ親ならなおのこと不安になるのもわかる。だから、もちろん戻らない選択をするのも自由だ。

だが一方で、早く村の学校を再開してほしいという人がいるのも、また事実だ。そして、そういう人がいる限り、村長である私には学校再開を推し進める義務がある。

また、戻らない選択をした人がいつか戻ってきたときのために、「子どもの元気な声が響き合う学校」を守っておく責任もある。そう思って学校再開に取り組んできた。

戻る人のために、そして戻らない人のために。

この春、子どもたちを迎える村の学校に、私は村の未来を託している。

第7章

一歩ずつ、明日へ——被災した村から「自立の村」へ

来場者30万人突破。〝おらが村の〟道の駅が復興を後押しする

２０１７年8月12日、「復興を後押しする拠点に」という願いを込めて県道原町川俣線（県道12号）沿いに「いいたて村の道の駅　までい館」がオープンした。今回の原発事故で避難区域に指定された市町村に新設された初めての道の駅であり、地方創生のために国土交通省が重点的に支援する「重点道の駅」にも指定されている。

その名称だが、普通は「道の駅　いいたて」「道の駅　までい館」といった名称になるのが一般的だ。だが私はそれを「いいたて村の道の駅　までい館」とした。県からは「標識に収まりきらないので短くしてくれ」とも言われたが、あえてそうした。だからよく「名前が長いね、看板の表記が2行になってる」などと言われるのだが、この道の駅の名称には私なりの強いこだわりがあったのだ。

村の基本理念である「までい」の言葉を入れるのもそうだが、それ以上にこだわったのは、単なる道の駅ではなく〝いいたて村の〟という表現を使うことだ。

「いいたて村の道の駅　までい館」のオープン式

明るい笑顔があふれる「いいたて村道の駅　までい館」のまでいホール

道の駅の多くは観光や仕事で通りかかる人たちを中心に利用されている。だが「いいたて村の道の駅　までい館」には、それに加えて〝私たちの村の道の駅だよ〟という思いを表したかった。ここには村に住む人々、村に戻った人々の憩いの場、交流の場という大きな役割もあるのだ。

お土産や花卉などの特産品販売所だけでなく、生活必需品を購入できるコンビニエンスストア「セブン　イレブン」を併設したのも、商業施設不足が続く村に帰村した村民の生活を考慮してのことだ。

ここは飯舘村の人々のための道の駅でもある。「この村の道の駅」「おらが村の道の駅」、どうしてもそれを謳いたかったのである。

また、この道の駅にはもうひとつの大きな役割がある。それはトイレの確保だ。

長引く避難生活のなかで村民から「村に公衆トイレがないのは不便で困る」という切実な声が上がっていた。

それに応えて2014年3月6日、県道12号線沿いにある「JAそうま」の敷地内に、一時帰宅の村民や通行者が利用できる公衆トイレ「いいたてほっと安心寄《よ》っトイレ」を新設した。このときはメディアも取材に駆け付け、「トイレのオープンに、こんなに多くのメディアが集まるなんて――」と驚いたものだ。

現在、「寄っトイレ」は閉鎖されたが、その大事な役割は「いいたて村の道の駅　までい館」に引き継がれている。公衆トイレの確保もまた、村の復興に欠かせない大切なステップなのだ。

これから先も、村の復興再生の拠点としてさまざまな取り組みを検討している。

例えば、道の駅の向かいに広大な花畑をつくり、道の駅の裏手には子どもたちが遊べる公園や花卉のハウス栽培施設を建てることが決定している。

さらにその周辺には村営の復興公営住宅を建てる予定だ。そこでは村の高齢者だけでなく村外の若者たちにも入居してもらい、週に1回くらい、みんなで一緒にごはんを食べて交流してもらえれば、若い人たちの家賃を優遇するといった制度も考えている。

ただそこに住むだけでなく、高齢者は若い人たちのエネルギーをもらい、若い人は高齢者から先人の知恵を学ぶ。これからの村には、そうした世代を超えた交流ができるコミュニティづくりが必要なのだ。

もちろん「いいたて村の道の駅　までい館」は、村外の人々に向けた情報発信基地でもある。軽食をとって、お土産を買って、トイレに寄って帰るだけの単なる通過点ではなく、おもしろくて癒されて、心が豊かになって、「また来たい、おもしろい道の駅」と思ってもらえる工夫も不可欠だ。

そのために欠かせないファクターのひとつが「花」だ。例えばガラス張りの外観デザインは「花かご」をイメージし、「までいホール」と名付けた中央ロビーは天井から吊り下げられたたくさんの生花玉で彩られ、季節によって異なる多彩な花々が憩いの空間を演出する。また売店では敷地内の大きなガラス温室で育てた飯舘村オリジナルの品種の花木を販売するなど――。

美しい花に囲まれることで、人は笑顔になり、やさしくなり、元気になる。そんな花の力に満ちた空間で心の交流、心の共有を図ってもらいたい。

また、敷地内には彫刻家・重岡建治氏による「心の絆」をモチーフにした木彫りのベンチやモニュメント、ブロンズ像を設置。心休まる癒し空間を演出する。

「いいたて村の道の駅　までい館」の運営は、村と地元企業、地元地権者、そして以前から村と交流のある三重県津市の赤塚グループらが出資する「株式会社までいガーデンビレッジいいたて」が行っている。

三重県津市にある赤塚グループは、50年以上の歴史をもつ赤塚植物園を母体に、健康飲料販売やFFCテクノロジーと呼ばれる水の改良技術の提供を行っている企業。

放射能汚染で農業が大きな打撃を受けたいま、新たな産業としても花の栽培に力を

道の駅の敷地にあるモニュメントは彫刻家・重岡健治氏の作品

入れていきたいと考える村にとって、赤塚グループの支援は非常に心強い。

今回の道の駅の企画運営だけでなく、花づくりを始めたい村の人たちの研修を引き受けてもらったり、道の駅で栽培している飯舘オリジナルの花の開発に協力してもらったりといった支援をいただいている。

また赤塚グループ常務の森定淳氏には、来春から生徒募集が停止される相馬農業高校飯舘校の再生を考える会の一員としてもご協力いただくなど、多方面にわたるご尽力には本当に感謝している。


『いいたて村の道の駅　までい館』がオープンして約8カ月。村内外の方々に足を運んでいただき、これまでの来場者数は30万人に到達している（2018年3月現在）。

私も仕事の合間にしょっちゅう出かけては、食事をしたりコーヒーを飲んだり、お客さまを連れて打ち合わせをしたりして活用している。そしてそこに集う人たちの楽しそうな表情を、明るい笑顔を見ながら、ふと思う。

7年前、全村避難で村を離れざるを得なくなったとき、こうした道の駅ができることを誰が想像できただろうかと。前向きに前向きにと言ってきた私でさえ、当時は思いもしなかった。だがいま、多くの方のご支援のもと、こうして〝いいたて村の〟道の駅が誕生し、復興の拠点としての役割を果たし続けている。

この村は、着実に前に進んでいるのだ。

もちろん「復興は一日にしてならず」。だからこそ未来を見据えて少しずつ、じっくりと、一歩ずつ。その積み重ねの先にある光を信じて、歩みを進めていきたい。

未来を見据え、未来につながる取り組みを――10年後への手紙

放射能災害からの復興はゼロからではなく、マイナスからのスタートだ。そして、長い道のりを歩まなければならない。その道も決して平坦なものではないだろう。いまだ先の見えない毎日のなかで、人はどうしても目先のことにとらわれがちになる。短期的に物事を考えがちになる。

目の前のことに全力で臨むのはもちろん大事なことだ。復興とは、そうしたことの積

み重ねなのだから。

だが、そうした状況だからこそ、どこかでもっと先のことを考える、将来を、未来を見据えることも大切だろう。

そう考えて、村では「いま」を「未来」につなげるための、さまざまな企画や事業に取り組んでいる。


２０１６年10月、全村避難生活を送るなかで、飯舘村は〝還暦〟になった。１９５６年に大舘村と飯曽村の合併によって飯舘村が誕生して60年の節目を迎えたのだ。

同年９月25日に村の交流センターで開催された村制施行60周年の記念式典『いいたて60祭』では、私が郵便局員に〝あるもの〟の発送を託すイベントが行われた。

託したのは〝10年前に〟書かれた手紙、１８４０通だ。

村は10年前、村制50周年を記念して、大切な人に宛てた手紙を〝未来に〟届ける「大切な人へ、10年後のあなたへ」という企画を実施した。

相手は家族でも友人でも、恋人でも、お世話になっている人でも、自分自身でも誰でも構わない。相手のことを思って書いた手紙を村が預かって金庫に保管し、10年後に発送するというものだ。

つまり、60周年式典で発送されたのは、村の人々が〝未来〟に向けて10年前に書いた手紙なのである。このとき私も妻と嫁と孫に宛てた手紙を書いている。

当時、村の公共施設に設置した専用ポストに投函された手紙は、原発事故後も村役場の金庫で保管を続けられてきた。

ちょうど２０１６年に郵便料金が改定され、普通郵便料金が当時の80円から82円になったため、差額分の２円切手を役場の職員がすべて手貼りで対応した。

式典の後、村民のもとに、村民の大切な人のもとに、10年前誰かが書いた思いのこもった手紙が届けられたはずだ。

式典で１８４０通の手紙を手にしたとき、私は思った。

人々はこの手紙を書きながら、10年後に開封する相手のことを想像してあたたかい気持ちになったのだろうなと。その手紙に笑ったり涙したり、励まされたりして過ごす安らかなひとときを思い描いたのだろう。そんな未来を思いながら筆をとったのだろう。
10年後、この村に思い描いた未来は訪れなかった。そのことがたまらなく悔しい。

しかし一方では、この災害に遭っているなかでの手紙の受け取りは、さらに感慨深いものがあったのではないか、とも思っている。

10年前に書かれた手紙、そこに綴られた熱い、あたたかい思い。それを手にしたときの喜びや驚き、感動は言葉に代えがたいものがあるはずだ。改めて家族の絆や人とのつながりの大切さを思うだろう。

そこで、もう一度「10年後への手紙」企画を実施したのである。10年前には思いもよらなかった〝いま〟から、10年後の〝未来〟に向けて、大切な人への手紙を書いてもらうために。

避難生活によって家族と、友だちと、離れ離れになった人も多い。それゆえに大切な人への思いを手紙にしたためることには大きな価値があるのだと思う。

なかなか先の見えない状況にあるからこそ、私たちは未来を見なければいけない。だから未来への手紙を出すことに大きな価値があるのだ。

今回は地元の風景が描かれた特製の記念切手も用意した。現在、約１０００通が専用ポストに投函されている。

この手紙が配達されるとき、飯舘村は村制70周年を迎える。10年後、すべての手紙が大切な誰かに届けられるように。未来を見据えながらの復興を続けていきたい。

形に残した言葉の力が、人を未来につなげていく

人は誰でも心のなかに、自分を励ましたり、戒めたり、背中を押したりする言葉を持っているだろう。私なら「人生に自動ドアはなし」「生きているということは誰かに借りをつくること。生きていくということはその借りを返していくこと」だ。

これはまだアイデアの段階だが、復興のシンボルとして２０１７年８月にオープンした「いいたて村の道の駅　までい館」に「あなたの座右の銘を刻もう」という事業も考えている。自分の座右の銘を石碑に刻んで道の駅の敷地内広場に設置するのだ。希望者

にはひと口いくらということで、それなりの金額を払ってもらう。

自分を励ます言葉が何年、何十年と飯舘の地に残ることになる。その石碑は村を訪ねた証しになり、いつかまた村を訪れるキッカケにもなるだろう。参加者が多くなれば、道の駅の見どころになり、村を訪れる人が増えるかもしれない。


実はこの座右の銘のアイデアは、過去に実施したある事業がヒントになっている。

飯舘村の中心部に「村民の森　あいの沢」という広大な自然公園がある。村内でもいちばんの素晴らしい景観を誇るこの公園には、あいの沢の「あい＝愛」にちなんで「愛の浮橋」「愛の鐘」などが設けられている。

そして、園内をめぐる遊歩道沿いに並んでいるのが、俳句を御影石に刻んだ「愛の句碑」だ。

この句碑は、２００１年から２００６年まで5年間にわたって行われた「愛の句碑と美しい村づくり発信事業」という村の事業によって建てたもの。

「あいの沢」の地名にちなんで「愛」をテーマにした俳句を全国公募。毎年50句ずつ５

年間で選ばれた計２５０句が句碑にして設置されている。句碑に使われている御影石も飯舘村の特産品だ。

俳句を選者は、「この方しかいない」という私のたっての希望で、俳人の黛まどかさんにお願いした。

面識はおろか何のツテもなかったが、ぜひにもお願いしたいという気持ちに突き動かされて、依頼の手紙というより、いま読めば赤面モノの手書きの〝熱烈なラブレター〟を書いて送ったところ、快諾していただいたのだ。

事業は5年の期限付きで終了したが、その後も村のＰＲ大使である「までい大使」を務めていただくなど、飯舘村と黛さんとの交流は現在も続いている。

原発事故の全村避難によって、あいの沢も避難区域になってしまったが、２０１４年10月には、「村と句碑を忘れないようしよう」という黛さんの呼びかけで、あいの沢での句碑清掃活動が行われた。

その後も、ご自身が主宰する全国の「日本再発見塾」の塾生や有志の方々といっしょに、何度か村を訪れては清掃活動を行ってくれている。愛の句碑が縁でつながった方々からの支援には感謝するばかりだ。

そしていつかもう一度、黛さんと「愛の句碑」事業をやりたい、そう思っている。

俳句と座右の銘、形は違うが、「形にして残した言葉の力」が人をつなげ、未来につながるという意味ではどちらも同じだろう。

愛の句碑事業の再開も、道の駅の座右の銘も、まだ「こうしたい」という段階で実現するかどうかなどわからない。

だが、村の未来を預かる村長として、つねに〝未来を見据えたいま〟を考え続けていきたいと思う。

「までいライフ」こそ、これからの日本が目指すべき道

原発事故という大きな代償が私たちに突き付けたのは、これまでの社会や暮らしの在り方を根本から見直さなければならないという重い命題なのだと思う。

今回のような悲劇を二度と起こさない社会の在り方――飯舘村がずっと誇りにしてきた「までいライフ」にこそ、そのヒントがあるような気がする。

ここで改めて、「までいライフ」について触れておこうと思う。

までいとは福島の方言で「真手」と書き、「左右にそろった手」を意味する。両手でお茶を飲む、両手で料理を出す、両手でものをいただく。このように、何をするにもていねいに、大切に、念入りに、手間暇を惜しまず、心を込めて、つつましく――という意味で、昔から飯舘村の暮らしの中で使われてきた言葉だ。

飯舘村のまでいライフには３つの柱があると、私は思っている。

①大量消費社会から循環社会へのシフトチェンジ

②人をつなぐ心のシェア

③自主自立で生きる

それぞれについては次項以降で詳しく触れるが、そもそも私が「までいライフ」を提唱したときは、山間の小さな村が生き残っていくための策だと考えていた。

だが、東日本大震災が発生し、原発事故が起こり、その被害にさらされて復興を目指そうとしているいま、「までいライフ」こそが20年先、30年先、そのもっと先の日本の在り方なのではないだろうかと思えてきた。

ここからは、未来の日本の進むべき道だと思える「までいライフ」について簡単に説明したいと思う。

「までい」に生きるとは①——大量消費社会から循環社会へ

その昔、ある繊維会社が、伝線もせず破れない女性のストッキング（ナイロンストッキング）を発明し、世界中の女性を大喜びさせた。

だが、ほどなく会社の指示によって生産にストップがかかる。会社は気づいたのだ。「破れないストッキングでは1足購入すれば買い替える必要がなくなるため、売上げが急落してしまう」と。そして、会社は工場にこんな指示を出した。「破れやすいストッキングを開発せよ」——。

これはアメリカの話なのだが、日本とて同じこと。戦後一貫して大量生産・大量消費・大量破棄のサイクルこそが経済成長と〝豊かさ〟だと信じて突っ走ってきた。お金、効率、スピードが世の中のものさしになり、数で数えられるものだけに豊かさと価値を見出してきた。

モノもサービスも有り余るほどあふれ返っていながら、それでも「もっともっと」と大合唱を続けてきた。原発はそうした価値観の産物なのである。

だが、モノが潤沢にあること、効率がよくてスピーディなことだけが豊かさの証明ではない。これからは豊かな自然と人のつながりのなかで地産地消をはじめ、あらゆる面での循環社会を目指すべきだろう。これまでの暮らしを、そういう暮らしに少しずつ変えていく――それがひとつめの「までい」だ。

成長ばかりを追いかけてきたこれまでの日本は、「体ばかりが大きくなって中身が大人になりきれていない」状態にも思える。

これからは成長よりも、むしろ成熟に向かうことを考えなければいけない。成熟のなかでの成長であるべきなのだ。

前述した愛の句碑事業をきっかけに現在も「までい大使」として村のPRにご尽力いただいている俳人の黛まどかさんは、ご自身の著書のなかでこう書かれている。

とりあえず景気が良くなればまた経済至上主義の「前のめり」の生活に戻ろうというつもりだろうか。一体いつまで「前のめり」を続けるつもりなのか。「前のめり」を続けようとすると「原発」を含めたくさんの危険があるのではないか。

戦後、私たちは日本を豊かにするために一生懸命働いてきた。日本列島の隅々まで電気を通すとがんばってきた。今や世界で有数の裕福な国になった。しかし、その結果、日本にはあのきれいな星空が満足に見えないところが多くなってしまった。それが本当の豊かさなのだろうか。これからは、自分たちがともしてきた電気を一つ一つ消していく努力をしなくてはいけない時代ではないだろうか。

『引き算の美学』毎日新聞社刊より引用

原発事故は、物質的な豊かさばかり追い求めてきたしっぺ返しであり、心の豊かさや人のつながりを置き去りにして走り続けてきたツケなのだ。

「多く持っていない人が貧しいのではない。多く欲しがる人が貧しいのだ」――スペインにはこんな格言があるという。もっともっとほしいという「足し算」から、必要最小限なものだけでいいという「引き算」の暮らしへ。

あるコラムニストの方の言葉が心に残っている。「日本の国よ、ベッピンの国になれ」だ。

ベッピンは、いまは美人を指す言葉になっているが、本来の意味はまったく違う。とりわけ美人ではないが、それ以上に心が優しく、笑顔が美しく、気遣いができる女性のことを「ベッピン＝別品」と呼んだのだそうだ。

日本は経済力だけにものを言わせる国ではなく、他国から尊敬される「別品の国」を目指すべきではないだろうか。そして、わが飯舘村も「別品の村」にならなければ、と思う。

そのためにも、いまこそ暮らし方と価値観の〝までいな〟シフトチェンジが求められている。

「までい」に生きるとは②——人をつなぐ「心のシェア」

私は何かにつけて「心のシェア」が大事だと言っている。役場での訓示でも、式典のあいさつでも、メディアの取材でも、広報誌の原稿でも、常に言い続けている。

心のシェアとは「心を分け合うやさしさ」のこと。自分のことだけでなく相手の、周囲の人のことも思いやる心のことだ。何のことはない。村の先人たちが普段から心がけてきた暮らし方である。

日本人には「トラさん、クマさん醤油貸して、ああ、いいよ」という世界に誇れる「おたがいさまの精神」があった。だが近頃は何にでも「自分ファースト」というか、「自分さえよければ他人はどうなってもいい」という発想を恥ずかしいと思わない風潮になりつつあることに危惧を感じる。

さすがにトラさんクマさんはいまの時代にそぐわないかもしれない。だが、時代は変わろうと、お互いに相手を思いやる心がなくして世の中は成り立たない。

そうした「自分さえよければ病」「何でも他人事病」の蔓延を防ぎ、おたがいさまを取り戻していこう――これが2つめの「までい」だ。

日本でも近年、シェアリングという概念が広がり始めてはいる。カーシェアにサイクルシェア、シェアハウスなど――。分け合うこと自体はいいのだが、日本のシェアリングは、どうしてもお金のことが絡みがちだ。「みんなで使えば支払う金額が安くなる」とか「分け合えば、その分お金が浮く」とか。シェアはお得という部分のほうがクローズアップされている。

だが心のシェアはそれとは異なる。分け合っても経済的に物理的に得することはない。目に見えず、数で数えられない「心」は、頭数だけで均等分けもできない。

でも、分け合うことで心があたたかくなる。心が軽くなる。心が穏やかになる。シェアすることで、人の心は豊かになるのだ。

原発事故で一度は誰もいなくなった村をコミュニティとして再生させるためにも、相手の心に寄り添う「心のシェア」は不可欠になってくるだろう。

スウェーデンでは介護や福祉、医療や教育の現場で「オムソーリ」と呼ばれるケアが実践されているという。オムソーリとはスウェーデンの古語で「悲しみや幸せを分かち合う」という意味を持つ。つまり、心のシェアだ。

スウェーデンが福祉大国と呼ばれているのも、そうした考え方が人々に浸透しているからなのだろう。25％の消費税も「自分に還元されないから払いたくない」ではなく、「自分の親や子どもたちに還元されるかもしれない」「お隣さんのために使われるかもしれない」という発想に支えられているように思える。

オムソーリ。この言葉を知ったとき、私は「心のシェア」という考え方が間違っていないことを確信できた。

目に見えない放射能に対する考え方や判断は百人百様、人それぞれだ。ゆえに価値観や考え方の違いが生じやすい。高齢者と小さい子どもを持つ若い夫婦とでは考え方が違うのも当然だ。

考え方は人それぞれと理屈ではわかっていても、先の見えない避難生活が長引き、心身ともに疲弊してくれば、さまざまな軋みや歪みが出てくるだろう。原発事故から7年間、飯舘村に限らず、放射能災害の被災地はそんな心の分断の連続だったのだ。

だからこそ、心のシェアを。相手の気持ちになる。相手を思いやり、気遣い、その価値観を尊重する。他人事より自分事――。みんなが互いに心を分け合えば、その心はひとつにつながっていく。

村の復興、再生に向けて、「心のシェア」を見つける事業、までいの心を見直す運動をできるだけ多く取り入れていきたいと思う。

「までい」に生きるとは③――自主自立で生きる

3つめのまでい、それは「自主自立で生きる」ことにある。

もうひとつ心配しているのは、日本のなかに権利だけを主張して義務を果たさないという風潮が広がりつつあることだ。

「自助（自分で助ける）、共助（お互いに助ける）、公助（国や自治体が助ける）」という言葉があり、地域社会におけるさまざまな課題は、これら3つをバランスよく連携させて解決していくことが重要だといわれている。

それはそのとおりなのだが、ポイントはそのバランスにある。

いちばんの原点は、「自分でできることは自分でやる」にある。そして、自分だけでは難しいときは「みんなでやる」、それでもできないことは「公がやる」という順序になるべきだろう。

だが、自分は何もせずに他人任せ。周囲のルールも知らん顔で、自分が困ったときだけ国や自治体に「何とかしろ」ということが増えてきてはいないか。

決められた日以外に勝手にゴミを出し、地域で決めたゴミ置き場の掃除にも参加せず、ゴミ回収が滞ったときだけ文句を言う。こんな人が多くなってはいないか。

権利は主張、義務は無視。こんなことがまかりとおっていては、この国は間違いなく

〝足腰の弱い国〟になってしまうだろう。

村では村政にも自主自立の考え方を取り入れてきた。飯舘村は20年以上前から村政の長期方針を決めるにあたって、地区別計画という制度を採用している。村を20の行政区に分け、その行政区ごとに独自の計画を立てさせるのだ。

村は各行政区に村から10年間1000万円の予算を配分、「自分たちの地区が住みよくなるためにはどうしたらいいか、何が必要か」を考えて計画書を提出させる。

その計画書を村全体のなかから選ばれた村民たちが審査して、OKか却下かを決める、というシステムだ。

お金は出すけど、あとは地区に任せるから、知恵を絞って自分たちの地域を住みよくする方法を考えてください――こうした〝自立した〟コミュニティづくりをずっと続けてきた。

20地区だから計2億円。ほかの自治体には驚かれるが、村民に自分たちのことはまず自分で考える、自主自立でやっていくことが原点だという意識を持ってもらえるなら、

2億円なんて安いものなのだ。

それぞれの地区が自立したコミュニティだったから、他の被災自治体よりも避難後の村民同士のつながりが維持できているのではないかと思っている。

そもそも飯舘村自体、2004年に周辺の自治体とともに参画していた市町村合併協議会から離脱、合併せずに1つの村として自立の道を選ぶという、自主自立の気風そのままの歴史を歩んできている。

自分で考え、自分で判断し、自分で責任を取る。そうした姿勢が薄くなりつつあるいまのこの国にこそ、までいの精神が求められているはずだ。

もう賠償金はやめにしないか――被災した事業者に自立支援の道を

原発事故から7年。村はそろそろ自主自立という「までいの精神」に立ち返る時期に来ていると、私は考えている。

賠償金は６年でやめましょう――批判・非難も覚悟の上で、私はここ数年、こう言ってきた。案の定、想像以上の批判が来た。他の自治体の首長からも非難囂々《ごうごう》だ。「被災している住民はどうやって暮らしていくのか」と。

もちろん「ただ、やめる」ではない。賠償金をやめるかわりに、国が責任をもって自立支援、生活支援制度をつくるべきだ、と言っているのだ。

被災した当初は賠償による生活支援は不可欠だし、被災者には賠償金を受け取る権利があるのは当然だ。私が言っているのは「いつまでももらい続けるのをやめましょう」ということだ。

賠償金という名目でもらい続ける限り、人は賠償される立場から抜け出せない。「賠償金をもらわないと生活できない」「これもあれも賠償の対象だろう」と、賠償金に依存し続けることになってしまう。

だが、本当に復興を目指したいのなら、いつまでも「賠償される」のではなく「自立での復興を応援してもらう」というスタンスに身を置くべきだ。

同じお金をもらうにしても、被害を与えた「賠償」ではなく、復興をがんばる人への

「支援・補助」でもらいましょうよ、ということだ。

仕事でも、生活でも、子育てでも、生きがいづくりでも。がんばろうとしている人を応援し、まだがんばれない人にチャンスを与える。国の主導・運営のもとでそうした生活支援制度をつくるべきだろう。

あちこちからの非難のなか、それでも主張を続けていたら大きな動きがあった。

2015年8月、「福島相双復興官民合同チーム」が創設されたのだ。原発事故で被災した福島県の12市町村の事業者の〝自立支援〟を目的に、国（官）と福島県（官）、福島相双復興推進機構（民間）が一体となってつくられた組織である。

活動内容は、12市町村内の8000もの事業者から個別に話を聞いて実情を調査し、個々の事情や状況に合わせた事業再開や生活再建の支援をするというもの。

がんばる人の自立を支援するという、私の主張に沿った取り組みが行われることになった。

例えば中小・小規模事業者の事業再開支援では、初期投資にかかる費用を補助金で支援してくれることに。

補助金の額にはいくつかの種類があるのだが、地元で仕事を再開する事業者には、初期投資に対して1000万円を上限に費用の75％が補助される。これは大きい。というかこんなに補助してくれるとは思わなかった。

飯舘村では、この支援事業に手を挙げた人には官民合同チームからの補助とは別に村の財源から5％の補助を出すことにした。75％と5％で80％、つまり1000万円の事業なら200万円の自己資金だけで再開できることになる。

最初は商工業限定だったが、聞き取りのなかで農業も入れてもらいたいという声が多く、農業事業者への支援も半年遅れくらいで始まっている。

現在、飯舘村では商工業の事業者24、25件、農業事業者60件が支援事業の審査に手を挙げている。

本気になって事業を再開しよう、がんばって自立して復興しようという人に対しては、国が支援してくれる制度が立ち上がったのである。

いつまでも賠償金に頼るのはやめて、自立へとシフトしていくべき――。どう非難されようとも、最終的には自立しなければ、被災地の本当の復興は進まない。

東電による精神的賠償は2018年3月まで、農林業への賠償も3年分一括支払いで打ち切りになると、賠償金の受け取りも終了に近づいている。だが国も県も、いろいろと考えている。だからこそ、こうした取り組みも始まっている。

事故から7年。そろそろ被害者の立場から脱却して、自立へと踏み出すことが求められてきている。できる人から自立する。それが人々の生業の再生、村の再生につながっていくのだ。

あとがき――「ないものねだり」から「あるもの探し」「ないもの活かし」へ

〝ふるさとにあるもの〟を、ていねいに、大切に、心を込めて大事にして暮らすという「までい」の精神を実践してきた飯舘村は、原発事故によって、〝あるもの〟のほとんどを失ってしまった。いや、奪われてしまったと言ってもいい。

大切にしてきたものをなくした村が復興へと向かうためには、これからどうすればいいのだろうか。

私は思う。

起こってしまった事故にいまさら愚痴をこぼしても仕方がない。なくなってしまったものをいまさらねだったところで戻ってくるわけではない。

ならば、あるものを探していこう。あるものを活かすことを考えよう。さらには、〝ない〟ことを活かすことも考えよう。村が消えてなくなったわけではないのだから。

長野県南部にある阿智村は、日本アルプスの山々に囲まれた人口7000人ほどの小さな村だ。この村はいま「日本でいちばん暗い村」として人気を集めている。暗いというネガティブなイメージを前面に押し出した村がなぜ人気なのか。

そこには逆転の発想があった。

「いちばん暗い」とは、「いちばん夜が暗い」という意味、それは「日本でいちばん星空がきれいに見える村」という意味なのだ。夜になれば真っ暗になってしまうような何もない村ゆえに、その分、星がより美しく見えると言っているのである。

事実、阿智村は2006年に環境省発表の「星が最も輝いて見える場所第1位」に選ばれ、多くの観光客でにぎわっているという。

「ないものはない」――こんな大胆なキャッチフレーズでアピールしている町もある。島根半島の沖合に浮かぶ隠岐諸島のひとつ中の島（島根県海士町）だ。

都会のように便利でもなければ、ものが豊富でもない。だが自然の恵み、ふるさとの恵みにあふれている。人同士の心の距離が近く、シンプルでも満ち足りた暮らしがある。

人口2300人程度の小さな何もない町だが、いま全国の若い人たちの移住が増えているという。

マイナスから目を背けずに、そのなかからプラスを見つけ、それを活かしていく。そうやって町おこし、村おこしに成功しているケースはいくつもあるのだ。

「ピンからキリまで」という言葉がある。〝あるもの〟を失った村にとって、これから取り組むべきは、アルプスの山間の村の星空のように、「極上のピン」なるものを見つけていくことだ。

飯舘村にも、愛にこだわってつくった「あいの沢」という名所がある。この災害によって図らずも注目が集まり、「までい」という暮らしのコンセプトが、「飯舘村」という自治体の存在さえが、いまや「極、極上のピン」になりつつある。

また前述したように、飯舘村のふるさと納税（復興までい寄付金）も、返礼品となる産品がないことを逆手にとって、村以外の全国各地の産品を選ぶという方法をとったことで多くの善意を集めることができた。

置かれている状況には大きな違いがあろうとも、飯舘村にできないはずがない。この村が存在する限り、きっとこの村に〝あるもの〟がある。それはもしかしたら〝ないもの〟のなかにあるかもしれない。

それらをどうやって見つけ出し、「極上のピン」に育てていくか。それがこの村の大きな課題になってくるだろう。


いま思うと、原発事故から7年間、ずいぶんと非難や中傷にさらされてきた。「殺人者」「村民を見捨てるのか」「何を考えているんだ」「辞めちまえ」――住民から向けられる矢、世間から放たれる矢、メディアを通じて飛んでくる矢。私も人間だ。こうした矢をまともに受けて、心が折れそうになったこともあった。

だが、断じて言える。この7年間、私は私利私欲で動いたり、働いたり、決めたりしたことは一度もない。この国で誰も経験したことのない放射能汚染という特異な災害のなかで、いかに村民のために、村のために働くことができるか。そのことだけを心に念じて務めてきた。それだけの自負はある。

本文中で述べた事例以外にも、村の復興・再生のためのさまざまな取り組みが現在進行形で行われている。

例えば「おかえりなさい補助金」。これは避難先から再び村に戻るための引っ越し費用の一部として1世帯につき一律20万円を補助する制度だ。2016年7月の制度開始から2018年3月までに申請数は233件を超えている。

また、村内で行う家庭菜園をはじめとする〝販売を目的としない農業〟に対して、農具や資材購入費用などのために上限50万円までを補助する「農による生きがい再生支援事業」も実施し、現在約160件の申請が上がってきている。

さらに2017年11月には空き工場跡を利用した村営の葬祭場（運営はJA）もオープン、2018年3月には建て替え中だった南相馬警察署飯舘駐在所が竣工した。

少しずつ、ひとつずつ。ていねいに、着実に。村民の自立を後押しし、日々の生活環境を整える取り組みもまた、「までい」の精神で行われていく。

私が村長としてするべきことは、ただ村民の気持ちを代弁することではない。現実問題として村を守り、村民の暮らしを守り、これからの道筋をつけることだ。気持ちを代弁するだけで実が取れない提案よりも、柔軟に対応してしっかり実を取れる譲歩のほうが大切なこともある。

その信念があったから、誹謗中傷の矢に負けずに国との交渉、村民との話し合いができたのである。

そういう意味では私自身、この7年間で本当に学ばされたし、鍛えられもした。そして、自分で言うのも口幅ったいのだが、人間としての幅と深みという意味で大きく成長できたのではないかとも思う。

いつの日か寿命が尽きてあの世に旅立つとき、亡き両親に「全力で生きたよ。もらった命を精一杯燃やし尽くしました。心に一点の曇りもありません」と胸を張って言える気がする。多分、震災対応がなかったらこの心境にはなれなかったのではないか。

避難指示が解除されてから1年が経過した。現在、飯舘村の村内居住者は320世帯

607人（2018年2月1日現在）となっている。全村人口が約6000人だから、帰村率はようやく10％に届くところだ。

これから何人の村民が村に戻ってくれるのか。子どもたちは村の学校で学んでくれるのか。

放射能災害の特異性を考えれば、帰村を声高に言うことはできない。そうである以上、「どうなるのか」には明確に答えられないのが正直なところだ。

だが希望もある。

村にはこの春、新しく中学3年生になる子どもたちが22人いる。その子たち〝全員〟が、春に再開する村の小中一貫校に戻ってきてくれることがわかった。

これには正直、驚いた。そして、涙が止まらなかった。

中学3年生と言えば、高校受験を控えた大変な時期だ。避難先の学校のほうが通学するにも勉強するにもいい環境であろう。

だが、子どもたちはこう言ってくれた。「飯舘中学校の卒業証書がほしい」と。

なんとうれしいことだろう。

子どもたちが、村の学校を愛し、村の学校に戻るという選択をしてくれたのだ。学校再開に託した村の未来に、明るい光が見えた気がした。未来を担う子どもたちに、これからも前を向いて、上を向いて進もうという勇気をもらった気がした。

だから、下を向くことはない。

「どうなるか」はわからないが、「どうするか」には答えがある。

村民それぞれの考え方を尊重しながら、ひとりでも多く帰って来られるように環境を整える努力をする。

ないものねだりではなく、あるものを探し、活かし、

天皇皇后両陛下と

ないものをも活かして、村を再生し、盛り上げていく。

それが答えだ。

容易でないことは百も承知している。だが、「までい」の心で、みんなで知恵を絞って、考え、探し、育てれば、村の活路は必ず開ける。

私は、愛してやまないふるさと「飯舘村」の誇りとその底力を信じている。

2018年4月

飯舘村長　菅野典雄

「までいの村」に帰ろう

飯舘村長、苦悩と決断と感謝の7年

著者　菅野典雄

2018年4月25日　初版発行

菅野典雄（かんの　のりお）
福島県飯舘村長。1946年、現・飯舘村生まれ。'70年、帯広畜産大学草地学科を卒業。酪農を営み、乳牛60頭を飼育するかたわら89年から7年間、飯舘村公民館の嘱託館長を務める。'96年10月、村長選挙で当選し、第5代飯舘村長に就任、以来6期連続で務める。合併しない「自主自立の村づくり」を進め、小規模自治体の良さを活かした子育て支援や環境保全活動、定住支援などユニークな施策で知られる。2011年3月に起きた東日本大震災に伴う、福島原発事故による放射能汚染で全村避難を余儀なくされた飯舘村の再生へ向け、精力的に日々活動する。著書に『美しい村に放射能が降った』（ワニブックス【PLUS】新書）、『こころのぽけっと』（SEEDS出版）がある。

発行者　佐藤俊彦
発行所　株式会社ワニ・プラス
〒150-8482
東京都渋谷区恵比寿4-4-9　えびす大黒ビル7F
電話　03-5449-2171（編集）
発売元　株式会社ワニブックス
〒150-8482
東京都渋谷区恵比寿4-4-9　えびす大黒ビル
電話　03-5449-2711（代表）
装丁　橘田浩志（アティック）
柏原宗績
編集協力　柳沢敬法
DTP　平林弘子
印刷・製本所　大日本印刷株式会社

ISBN 978-4-8470-6127-1
ワニブックスHP　https://www.wani.co.jp